智元微库
OPEN MIND

成 长 也 是 一 种 美 好

曲江宴

唐人的社交
与人生选择

张程 著

人民邮电出版社

北京

图书在版编目（CIP）数据

曲江宴 : 唐人的社交与人生选择 / 张程著 .

北京 : 人民邮电出版社，2024. -- ISBN 978-7-115

-65226-3

Ⅰ . D691.71

中国国家版本馆 CIP 数据核字第 2024AB3726 号

◆　　　　著　张　程
　　责任编辑　王　微
　　责任印制　周昇亮

◆人民邮电出版社出版发行　　　北京市丰台区成寿寺路 11 号
　邮编 100164　　电子邮件 315@ptpress.com.cn
　网址 https://www.ptpress.com.cn
　雅迪云印（天津）科技有限公司印刷

◆开本：720×960　1/16
　印张：14.5　　　　　　　　　　　2024 年 10 月第 1 版
　字数：210 千字　　　　　　　　　2024 年 10 月天津第 1 次印刷

定　价：79.80 元

读者服务热线：（010）67630125　印装质量热线：（010）81055316
反盗版热线：（010）81055315

广告经营许可证：京东市监广登字 20170147 号

曲江宴：盛唐的写照

长庆二年（822 年）春，终南山山顶的积雪正在消融，烟柳草色静静弥漫于长安城。

由于气候、生态等方面的原因，唐代长安城的春色要比后世来得浓烈、沁人。春天的斜风细雨时常光临长安的城垣沟壑，城内的水系碧波荡漾，花草树木万紫千红、临风摇曳。在当年春日一个雨后由阴转晴的傍晚，兵部侍郎韩愈约好友水部员外郎张籍和中书舍人白居易，一同游览长安城东南角的曲江池。韩愈兴致勃勃而来，看曲江水涨，倒映着周边的亭台楼阁，池畔花树如洗，生长繁茂。他会同赶来的张籍，二人结伴畅游夕阳余晖下的曲江。可惜的是，白居易没有应邀同游。

游玩归来，韩愈略带遗憾地写了一首《同水部张员外曲江春游寄白二十二舍人》：

漠漠轻阴晚自开，青天白日映楼台。

曲江水满花千树，有底忙时不肯来？

　　唐朝习惯以排行称人，以表亲切，白居易在族中排行第二十二，所以韩愈以"白二十二舍人"相称："面对如此雨后美景，你白二十二舍人到底在忙什么，不肯前来赴约呢？"同游曲江是唐代士人长安生活中令人称羡的内容，也是唐代交际诗的主题之一。据《全唐诗》统计，唐代专题吟咏或涉及曲江的诗有近 300 首之多①，而描写曲江一带景色，如杏园、慈恩寺、乐游园等的诗篇，更是不胜枚举。曲江诗、曲江游、曲江宴成了解唐代长安的关键词，折射出流光溢彩的大唐文明的光辉，展现了大唐盛衰的风云变幻。帝王将相、文人雅士、饮食男女流连在曲江的天光水色中，沉浸在长安的春花烂漫之中，出演了一部丰富多彩的历史大剧。

　　那么，曲江为什么拥有如此的魅力？唐人又在曲江举办了什么样的精彩活动呢？

　　曲江原本是一处天然池沼，因水域曲折，故名"曲江"；又因为烟水明媚、周边花木茂盛、风光秀丽，成为秦汉时期皇家园林——上林苑的一部分，名为"宜春苑"。当时，上林苑广袤辽阔，涵盖了长安城周边的部分区域，而曲江尚在长安城外的东南郊。隋文帝杨坚舍弃旧城，在原城的东南郊规划、修建了新的都城——大兴城（长安城），恰好将曲江包括进来，使之成为大兴城的东南角——这也是以规则整齐著称的隋唐长安城唯一不规则的地方。后又在曲江西南边专门辟建了一处供帝王游宴的园林，名为"芙蓉园"。隋代是曲江发展的转折点，曲江从长安郊区的一处沼泽化身为城内的一个景点，更是脱离了皇家园林序列，逐渐成为向所有人开放的公共区域。

　　唐玄宗李隆基将曲江推上了辉煌的顶点。开元年间，他对曲江区域进行了大规模的改造，引入黄渠之水扩大水面，使曲江周围广达 10 余平方千米；疏浚池区，建造彩舟，在池中广植莲花，在池岸遍种奇花异草，丰富了曲江的风景；修葺了芙蓉园等园林，在池西辟建了杏园，还在池西、池南修建一系列亭台楼阁、寺庙院落等。杜甫创作于这一时期的《曲江二首》描绘了巅峰时的曲江风

（唐）李昭道，《曲江图》，台北"故宫博物院"藏

景："一片花飞减却春，风飘万点正愁人。""江上小堂巢翡翠，苑边高冢卧麒麟。""穿花蛱蝶深深见，点水蜻蜓款款飞。"玄宗朝，皇帝每年上元节、中秋节、重阳节都会在曲江设宴，与文武百官君臣同乐。上行下效，唐代长安居民踏春、游玩、休闲等，都习惯选择曲江，"朝回日日典春衣，每日江头尽醉归"。

　　长安城内休闲游玩的去处，不止曲江这一个选择。兴庆池、太液池等园林也是水光潋滟、楼台密布，但可惜都是皇家禁苑，是少数人的专享去处；唐代尊佛敬道，佛塔装饰着长安城的天际线，道观也香火鼎盛，大兴善寺、大慈恩寺、玄都观、青龙寺、崇福寺等寺观烟火绵延，四季花开不绝。美中不足的是，这类场所毕竟不适合开怀游宴；驰名中外的东西市商品荟萃、人头攒动，红尘俗世的大多数欲望都能在此得到满足，缺陷是商业气息太重，不适合休闲养神。曲江则拥有上述几类去处的优点，却没有它们的缺点，自然成了长安官民游玩

的首选去处。

皇家宴会，不止于饮食

　　曲江的游乐活动，往往离不开一个"宴"字，古人呼朋唤友，或乘船驾舟，或流连于楼台园林，或在池畔择地支起毡帐，度过惬意的一日。皇帝赐宴是曲江所有活动中规格最高、规模最大的。唐玄宗扩建曲江后，开元十八年（730年）初，"令百官于春月旬休，选胜行乐。自宰相至员外郎，凡十二筵，各赐钱五千缗"②。皇帝赐宴曲江自此成为制度。赐宴之日通常是每年的农历三月三日上巳节。届时，皇帝大驾卤簿，文武百官携带家眷，君臣欢聚于此，还允许士

（唐）张萱，《虢国夫人游春图》，宋摹本，辽宁省博物馆藏

人、百姓等游赏饮宴，与民同乐。三月的曲江，碧波荡漾，姹紫嫣红，万众云集，盛况空前。杜甫《丽人行》中的"三月三日天气新，长安水边多丽人"，描述的就是唐玄宗携带杨氏姐妹同游曲江的场景。参加皇帝曲江赐宴，是官员身份地位的象征，赐宴也体现了皇帝对臣下的恩宠。开成四年（839年）上巳节，唐文宗曲江赐宴，群臣赋诗。年逾古稀的宰相裴度因疾不能赴宴，文宗遣中使赐裴度诗曰："注想待元老，识君恨不早。我家柱石衰，忧来学丘祷。"这是裴度这样出将入相、威震朝野的元老人物的专享待遇，而大多数人都在为获得御宴的资格而奋斗，却不得。

京兆府长安、万年两县负责宴会的具体工作。每年的曲江赐宴自然就成了两县官吏表现的舞台。两县县令都铆足了劲，不仅要把分配的工作做得尽善尽美，还要出新出彩，争取赢得皇帝和高官的赏识。首先是名花布道，装饰环境。唐代长安嗜花之风盛行，富贵人家普遍养花、赏花、赛花。名贵花卉是闪亮的社交名片。在皇帝赐宴的重要场合，长安、万年两县会命令全城百姓搬出上佳花卉布置在曲江周边，共襄盛事。敢于隐匿名花者，一经查出还要受罚。其次是搭置幕帐，供饮宴用。曲江周围原有的亭台楼阁满足不了当日皇亲贵戚和达官显贵的设宴需求，当日还有歌舞表演等节目，因此需要在池畔搭置大量的临时幕帐。这些幕帐使用锦绣丝绸，颜色鲜艳，连绵成片，"日光去此远，翠幕张如雾"。最后，赐宴现场也是长安城的大市集。两县官吏还要承担招商的工作，引导商户将珠宝珍玩、奇货异物等陈列在划定区域，供游宴官民选购。正日子到来之前，曲江一带桃红柳绿、富丽堂皇，奇珍异宝熠熠生辉。

上巳节这一天，皇帝皇妃和王公贵戚们摆宴紫云楼上，一边举杯畅聊，一边观赏曲江全景。三省六部官员，各自占据曲江四周的楼台亭榭或临时搭建的幕帐。晚唐时期还备有彩船，专供宰相、三司、翰林学士等中枢实权人物游宴，以示尊贵。唐人康骈的《剧谈录》记载了上巳节赐宴曲江的概况：

> 上巳即赐宴臣僚,京兆府大陈筵席,长安、万年两县以雄盛相较,锦绣珍玩无所不施。百辟会于山亭,恩赐太常及教坊声乐。池中备彩舟数只,唯宰相、三使、北省官与翰林学士登焉。每岁倾动皇州,以为盛观。

当日的酒宴,皇帝的御膳由御厨承办,席间自然有举天下之力搜罗的山珍海味,如杜甫描写的"紫驼之峰出翠釜,水精之盘行素鳞""鸾刀缕切空纷纶""御厨络绎送八珍"等,寻常官民遥望只觉奢华瞠目。三省六部和各寺、监、府官员的赐宴,精美丰盛,有的由诸司自办,多数则是由京兆府置办。皇帝往往会派御厨现场制作几样菜肴,赏赐给群臣,或者赐予禁苑产出的果品、宫中制成的饼食,同时调配太常寺的雅乐和教坊司的俗乐、官伎给官员们助兴,以示恩赏。畅享美食之外,曲江赐宴也是百官们诗歌唱和、同僚联谊、沟通事务等的重要场合。

金榜题名,曲江流饮

曲江宴中最引人注目、影响最深远的是新科进士宴,以至于有时用"曲江宴"这个名词特指新科进士的曲江欢宴。

科举制肇源于隋、兴盛于唐,其中进士科的重要性日渐凸显,成为最耀眼的科目。士人高中进士,仿佛获得了仕途的快车票,位极人臣者十有二三,荣登显列者十有六七。举人考中进士后,相约曲江庆祝,在唐中宗朝从惯例演变为一项制度。朝廷规定每年三月关试——新科进士通过吏部的备案考核、获得候选资格之后,在曲江为他们举办宴会,以示祝贺。

进士们一般选在杏园设宴,所以此宴也叫"杏园宴"。宴会邀请恩师和考官，以拜谢老师的恩情，但更多的是大家抒发"十年寒窗，今日得偿所愿"的欣喜和意气风发。同年们赏景饮宴，也会仿照古人"曲水流觞"的习俗，置酒杯于流水中，流至谁面前则由谁饮酒作诗，众人再品评诗作，风雅至极，称为"曲江流饮"。诗人刘沧在大中八年（854年）参加此宴创作的《及第后宴曲江》，字里行间洋溢着春风得意：

> 及第新春选胜游，杏园初宴曲江头。
> 紫毫粉壁题仙籍，柳色箫声拂御楼。
> 霁景露光明远岸，晚空山翠坠芳洲。
> 归时不省花间醉，绮陌香车似水流。

此类唐诗不少，徐夤在《曲江宴日呈诸同年》中自述"金榜连名升碧落，紫花封敕出琼宫"，黄滔在《放榜日》写道"吾唐取士最堪夸，仙榜标名出曙霞。白马嘶风三十辔，朱门秉烛一千家。郄诜联臂升天路，宣圣飞章奏日华。岁岁人人来不得，曲江烟水杏园花"。新科进士的得意忘形，乃至恣意放纵，都是对之前巨大的应试压力的释放，"昔日龌龊不足夸，今朝放荡思无涯"，不仅不为人非议，舆论还接受此为喜庆、吉利的盛事。

进士曲江宴上少不了新鲜的时令水果，尤重樱桃，故又得名"樱桃宴"。但是唐代关中的樱桃此时口味并不佳，且价格不菲。乾符四年（877年）的进士宴，新科进士们就纠结于要不要采购樱桃。新进士刘覃的父亲、淮南节度使刘邺得知后，马上置买樱桃，派人快马加鞭急送长安。当时扬州是樱桃的产地，物美价廉，大批的南方樱桃被连夜送到了曲江。这些樱桃红艳晶亮，配以糖和乳酪，色味俱佳，刘邺宠溺儿子的小动作让曲江宴的困难迎刃而解。当日，进士和宾客们每人一盘樱桃，宴会大获成功。

当日的宴会还是大型相亲现场。长安公卿之府、富豪人家倾家出动，"钿车珠幕，栉比而至"。他们在恭贺新科进士、品评青年才俊，也在物色乘龙快婿。唐人婚姻初重阀阅，保留了贵族社会的风气，到中唐以后此种风气逐渐淡薄。加上唐代士族的认定以当朝冠冕为准，女方逐渐瞄准年轻有为的士人为婚姻对象，新科进士自然成了上乘人选。考虑到平均每年进士录取仅 30 人上下，且其中不乏已婚或高龄中试者，曲江宴上可供准岳父们挑选的对象非常有限。正是这种稀缺，助推了曲江宴相亲的话题性。和皇帝赐宴一样，进士宴前数日"行市骈阗于江头"，曲江周边的节日氛围活跃，"车马填塞，莫可殚述"。

（明）仇英，《桃李园图》（局部），日本知恩院藏

长安青年的社交领域

与进士曲江欢宴相关的，还有其他习俗。如同年进士会选最年少俊秀者二

人为探花使，遍游名园，采摘名花，在曲江宴上助兴；宴会散后，一行人前往大雁塔题名留念。唐代通信技术落后，交通也不方便，进士们的联络并不顺畅。曲江欢宴之后，同年们各奔东西、宦海浮沉，许多人余生可能都无机会再见了。这是新科进士们首次、大概率也是最后一次集体聚会，因此又被称作"离会"。

除去皇帝赐宴、进士离会，寻常日子的曲江是平头百姓的乐园。有贵家子弟、巨商豪贾，也有市井小民、长安过客，他们三五成群，赏花戏水，设帐排宴。白居易应举时便是其中的一员，"忆昔羁贫应举年，脱衣典酒曲江边"。典酒玩乐的肯定不止年轻士人，玩乐的项目肯定也不止饮酒，曲江已经成为长安日常生活的公共空间。

长安的青春少女是曲江春游的主角之一。当时的仕女流行两类游宴活动："探春宴"和"裙幄宴"。二者主要是举办的时间不同，探春宴在每年立春与雨水之间，裙幄宴在上巳节前后。当日，妩媚的少女们沐浴着春光，或乘坐马车，或骑着温驯的矮马一路游览，一路挑选好景好地，然后以草地为席，周围插上竹竿，把鲜艳的裙子连接起来，挂在竹竿上，搭成临时的幕帐，斗酒行令，开怀畅饮，度过惬意的半日。和男性宴席不同，美食是仕女宴会的重头戏。女子充分发挥心灵手巧的特点，精心烹调美食。探春宴和裙幄宴佳肴精美，或是花色、造型创新，或是食具、酒器考究，帐幕内外香气袭人。席间，她们走出彩帐，蹴鞠、投壶、跳绳、踢毽子、荡秋千，身姿曼妙、舞影蹁跹，欢声笑语此起彼伏，编织成长安的盛世华彩。

1987年，在陕西西安的一座中唐墓墓室的东壁，考古人员发现了一幅保存完整的《野宴图》。该图向人们展现了唐代欢宴的场景：一张硕大的桌子上整齐地摆放着碗、碟，里面盛着各种美食。唐代处于分餐制的晚期，聚餐有公筷公碗。桌子中间有一大块肉，应该是当日的主食，旁边是公用的筷子和勺子。桌子正前方有一个方座，上面放着一个莲花形的汤盆。汤食是唐代宴会的必备品。围绕着桌子是三张红色木榻，各坐三个人，共九人。椅子在唐代尚未普及，当时的坐具

（唐）《野宴图》壁画（局部），陕西西安南里王村唐墓出土

依然是床榻。在宴会上，人们随身携带小型床榻，习惯盘着腿，而不是把脚放到地上。主宾们穿着绯色、绿色的衣裳。这两种颜色是唐朝官服的颜色，可见这是一场官员聚会。他们有的举杯畅饮，有的大口进食，有的交头接耳，有的拍手欢笑，有的侧头张望。在两侧主宾身后，各有一名侍者，托着茶盘送上几杯清茶。再外侧，是为宴席所吸引的围观者，男女相杂，身份不同，穿着各异。如果将这幅野宴图，搭配上曲江的春花秋月，大致就是"曲江宴"的场景了。

跨时空的社交需求

曲江宴的风气，没有局限在唐代的长安城，而是超越时空。无论是在同时代还是在这之后，都有不同形式的效法。曲江宴的风俗扩散到了全国。唐代江南的富豪，常在豪华的私家园林中游宴。《扬州事迹》载："太守园中有杏花数十株，每至烂开，张大宴，一株令一倡倚其傍，立馆曰'争春'。"这在江南成为一种风尚。而新科进士宴逐渐成为一项官方制度。唐代的进士曲江欢宴是士子凑钱喝酒庆祝，"醵钱于曲江"；晚唐时皇家赏赐宫廷御用美食，"赐进士红绫饼各一枚"。到五代时期，朝廷开始拨款举办新科进士宴。此项举措延续到清代，成为彰显科举制尊贵和官方支持的重要制度。

文章开头提及的长庆二年相约同游曲江，是韩愈、白居易、张籍的寻常之游。三人都是唐代的著名文人，韩愈执古文运动之牛耳，白居易是新乐府运动的倡导者。虽然年龄相近、同朝为官，而且相互拜读过作品，但三人长期没有交集。一方面主要是由于大家宦游南北，没有同地为官；另一方面是韩、白二人性格迥异。韩愈性格刚硬，直来直去；白居易性情温和，作品力求通俗易懂。韩愈曾经批评白居易的作品缺乏用典，不够典雅，尽管他后来改变了观点，但多少给两人的关系蒙上了一层不和谐的薄雾。

韩愈决心改善和白居易的关系，因为他是一个喜好交友的人。《旧唐书》载："（韩）愈性弘通，与人交，荣悴不易……而观诸权门豪士，如仆隶焉，瞪然不

顾。而颇能诱厉后进，馆之者十六七，虽晨炊不给，怡然不介意。大抵以兴起名教，弘奖仁义为事。"他的人际交往没有功利性，纯粹是由心而发。韩愈"少时与洛阳人孟郊、东郡人张籍友善。二人名位未振，愈不避寒暑，称荐于公卿间，而籍终成科第，荣于禄仕。后虽通贵，每退公之隙，则相与谈宴，论文赋诗，如平昔焉"。张籍的知名度，较韩、白为低。张籍是和州人，比白居易年长5岁（约767年生，比韩愈年长1岁），但出身比韩、白要差，早年不顺，经韩愈举荐考中进士，又仕途多舛，任太常寺太祝10年不得升迁。太祝职位是著名的冷板凳，无实权且俸禄微薄。张籍困居此职，因目疾几乎失明，别人因此戏称他为"穷瞎张太祝"。张籍的文学成就远高于官位，在乐府诗创作方面成绩斐然，理念与白居易相合。因为长期任京官，张籍与白居易交游较早，便成为调和韩愈与白居易关系的绝佳中间人。

元和十五年（820年）夏，白居易自忠州刺史任上召还，后任"文人之极任、朝廷之盛选"的中书舍人；10月，韩愈自袁州刺史任上还京，历任国子监祭酒、兵部侍郎。韩、白二人同在长安。张籍也时来运转，逐步升迁为国子博士、水部员外郎，世称"张水部"。这段时间，大约经由张籍的居间撮合，韩、白二人有了交往。《白居易诗集》收录的5首和韩愈往来的诗，都集中在元和

（唐）张萱，《捣练图》，美国波士顿美术博物馆藏

十五年（820 年）至长庆二年（822 年）的 3 年间：《同韩侍郎游郑家池吟诗小饮》《和韩侍郎苦雨》《久不见韩侍郎戏题四韵以寄之》《和韩侍郎题杨舍人林池见寄》《酬韩侍郎张博士雨后游曲江见寄》。二人迅速成为朋友。其中《久不见韩侍郎戏题四韵以寄之》一诗，白居易用戏谑的语气描述了与韩愈的交往过程：

> 近来韩阁老，疏我我心知。
> 户大嫌甜酒，才高笑小诗。
> 静吟乖月夜，闲醉旷花时。
> 还有愁同处，春风满鬓丝。

第二句"户大嫌甜酒，才高笑小诗"，有人解读为白居易对韩愈的不满，其实更像是好朋友之间的玩笑。如果二人真的有嫌弃，白居易就不会专门写诗给韩愈表达思念了。对于长庆二年的那一场爽约，白居易以《酬韩侍郎张博士雨后游曲江见寄》作答：

> 小园新种红樱树，闲绕花行便当游。
> 何必更随鞍马队，冲泥蹋雨曲江头？

白居易解释说因为之前久雨，造成道路泥泞，所以他就没去曲江。反正自家也种了红樱树，在庭院中溜达赏樱，大概也和游曲江差不多吧？这是符合白居易温和的个性的，想必韩愈、张籍两位朋友也能理解。

可惜的是，长庆二年的春天是三人最有可能同游曲江的时刻。如果在白居易爽约后三人没有在这个春天再约成功，他们大概率不会再有机会了。在当年的初春，大唐王朝尚且维持着中兴局面。唐宪宗"元和中兴"的余荫保佑着大唐王朝，朝廷压制住了跋扈藩镇的割据冲动，江淮等地的财富源源不断地输入长安。困扰晚唐的牛李党争还没有彻底爆发。大唐王朝表面维持着一番稳定繁荣的景象。在位的唐穆宗是唐宪宗之子，希望扩大父皇的成就，进一步推行"长庆销兵"政策。可惜，中央和地方的实力天平早已失衡。销兵政策在河朔地区遭遇了失败，引发了成德镇兵变。韩愈于长庆二年的春天奉命前往镇州安抚乱兵。七月，白居易因为政见得不到实践，外任杭州刺史。他们安逸的长安生活结束了。朝廷的稳定和长安城的繁荣，也随着藩镇割据、宦官专权和牛李党争的纠缠、侵蚀而终结了。此后，唐朝政治便和"中兴"二字绝缘了。没有稳定的政局，没有雄厚的补给，曲江宴的盛况便被抽掉了根基。到唐朝末年，军阀混战拉锯，长安城在战火中屡遭焚毁，"昔日繁盛皆埋没，举目凄凉无故物"。唐昭宗最终迁都洛阳，昔日的京城长安加剧萧条。没有维护，黄渠断流，曲江失去水源，也逐渐枯竭了。曲江宴在唐末就成了历史。它的盛况也就维持了一百多年。曲江宴的命运，也是大唐王朝的命运。

　　春光明媚的曲江和发生在这块土地上的欢宴，打破了长安城在整齐划一的坊市制度统治下的单调气氛，给生活富裕的官民引入了鲜活、欢乐的气息，给奔忙于生计的小民提供了养家糊口的新途径。它在一定程度上缓解了僵化的城市管理和繁复的政治斗争造成的压力。长安城的芸芸众生，上自帝王将相下至升斗小民，都参与了城市这一隅的狂欢。它是繁荣、自由和辉煌的大唐王朝的一颗明珠，也是王朝兴衰的见证。

注释

① 朱文杰：《吉祥陕西》，西安：太白文艺出版社，2015年。
② 缗，音 mín，本义是穿铜钱用的绳子，后来演化为计量单位。在唐朝，一缗钱指
　　1000 文铜钱。——编者注

目录

第一章

李白 | 个人抉择与命运

天宝四载（745年），一个洋溢着酒精与豪情、推崇诗歌和远方的时代。

当年深秋，34岁的杜甫与45岁的李白经历了去年畅游梁宋后的短暂分别，再次相遇于鲁郡东石门（今山东曲阜）。两位诗人度过了一段"醉眠秋共被，携手日同行"的日子，在鲁郡一带的名胜古迹、亭台楼阁留下了登临歌咏的足迹。潇洒之余，杜甫隐隐担忧：人生除了诗和远方，难道就没有其他追求了吗？他便写下《赠李白》，以诗代问：

秋来相顾尚飘蓬，未就丹砂愧葛洪。

痛饮狂歌空度日，飞扬跋扈为谁雄？

横亘在李白和杜甫之间的，除了11岁的年龄差，还有不同的人生阶段和阅历。

杜甫的心情，李白能懂

一年前两人首次邂逅之时，杜甫科举落第、无人问津、年逾而立还一无所成，对已经名满天下、几乎执诗界之牛耳、正蒙玄宗皇帝赐金放还的"李翰林"

充满崇拜之情。二人攀登了高耸峻拔的王屋山，回到平原时，"莫愁前路无知己"的高适也加入了进来。三人雅集在深夜醉舞的梁园、仗剑而行的宋州、吟诗切磋的席间，书就了中国文学史上的璀璨盛事。不过，始终有一个魔咒萦绕在这文学盛典之上。那就是仕途功名。尽管科场失意、入仕无门，落魄的杜甫和高适二人胸中炽热的仕进之心丝毫没有冷却，对各自的仕宦前程依然抱有信心与幻想。三人雅集的离散，也是因为杜甫、高适要去试探入仕门路而分别。李白挥挥手，折向东南，翌年北返山东又遇"小迷弟"杜甫。他发现杜甫的仕进欲望和努力没有丝毫改变。

对于杜甫的心情，李白感同身受。他何尝没有一颗奋进官场兼济天下的心？

终其一生，李白都自信"天生我材必有用，千金散尽还复来"，胸怀着仗剑走天涯、执笔写江山的激情，面对挫折和困境，"仰天大笑出门去，我辈岂是蓬蒿人"。上天赋予李白文采与抱负的同时，也限定了他商人家庭的出身。后者导致李白无法通过门荫或科举入仕，正常的仕途大门向他紧紧关闭了。李白无奈选择了干谒权贵、游历博名的途径，终于以鼎盛文名得到了大明宫的青睐，进入翰林院。在金銮殿内外奔走的岁月，李白深切感悟到一个文人的功名事业由两大因素塑造：一是自身与政治体制的契合程度，其中包括个体文采和能力，也包括个体对体制的认知；二是外力的帮衬，既有家族门第的助力，也有达官显贵的荫庇。二者对文人的成功缺一不可。遗憾的是，这二者李白都不具备，他悲哀地发现自己始终只是唐玄宗的文学侍从，一个召之即来、挥之即去的宫廷点缀。皇帝赏他的"翰林供奉"一职甚至不是王朝官制的职事官，没有品级，没有正式职掌。李白完全达不成参与政治的雄心壮志，又适应不了大明宫的做派，身心俱疲之后，幸好落得赐金放还的和平结局。

这是李白离建功立业最近的一次，到光芒万丈的皇权边缘走了一遭后无奈地承认自己并不适合仕途。如今，杜甫孜孜以求的恰恰是李白刚刚放下的。然而，他不能扑灭杜甫的进取心。这个年轻人有着李白不敢企望的门第，杜家连续十余世都有仕宦经历，而且同样文采飞扬，"读书破万卷，下笔如有神"；同样雄心勃勃，渴望"致君尧舜上，再使风俗淳"。杜甫或许能成为朝堂的明日之星。

于是，李白避开正面回答，以《鲁郡东石门送杜二甫》相赠：

> 醉别复几日，登临遍池台。
> 何时石门路，重有金樽开。
> 秋波落泗水，海色明徂徕。
> 飞蓬各自远，且尽手中杯。

饮下杯中酒，杜甫西去洛阳再战功名，李白再下江东，继续诗酒买醉、江湖泛舟的潇洒生活。从此，李、杜再未重逢，万般情绪只能付诸笔端。

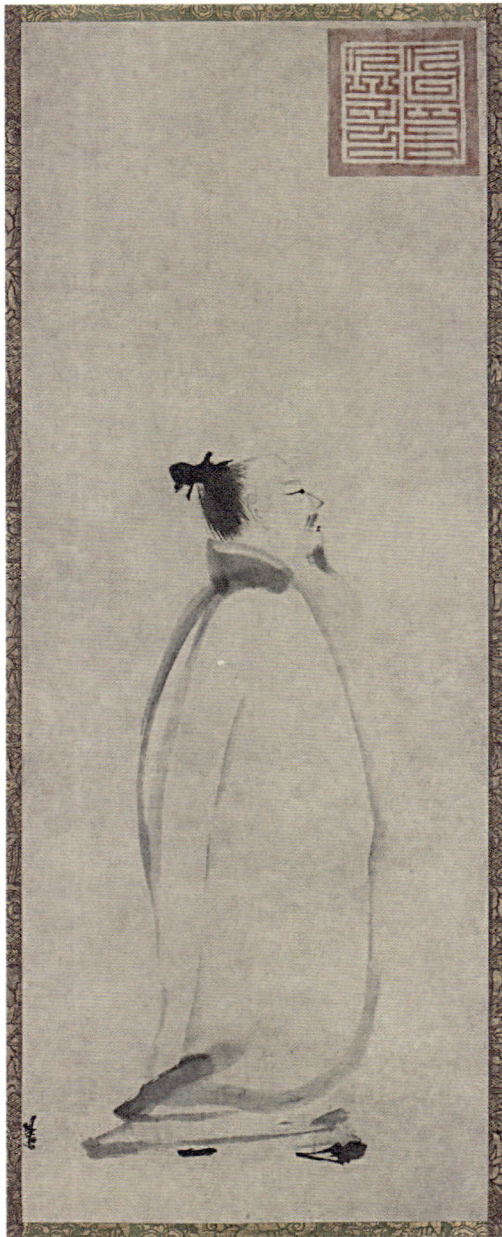

（南宋）梁楷，《李白行吟图》，日本东京国立博物馆藏

❀ 仕途还是学问，如何选择

李白与杜甫的选择，折射出文人对于事功与学问的取舍。无知者有无知的快乐，读书人有认知的烦恼。学得文武艺的唐代文人，总有抑制不住的抱负，总希望能积极实践治国平天下的先贤教诲。践志的道路却日趋狭窄，除了入仕当官，几乎没有他途。可惜，他们的文武艺并不必然导向现实的成功。正如上述李白用生命体悟出来的道理，锦绣文章仅仅是导向成功的一个分量很轻的因素，在体制、门第、权贵等面前不值一提。承认这一点后，文人们紧接着直面另一个残酷的现实：尊严同样不值一提。他们必须奔走于权贵门阀，温恭谦卑，行卷①求荐举、求荫庇。在偌大的长安、洛阳都市，多少饱学之士渺小如尘埃，耗尽家财、尊严和生命，依然求一官而不可得。

挥别李白的杜甫，绝想不到前方迎接自己的会是卖药都市、寄食友朋的十年长安岁月。他直到 44 岁才谋得第一个官职：右卫率府胄曹参军。时为天宝十四载（755 年），这一年，杜甫正与东石门相别时李白的年纪相仿；这一年，大唐深处的所有阴暗、隐忧以安史之乱这一极端形式喷薄而出。

为了这一顶迟来而低微的冠冕，杜甫"朝扣富儿门，暮随肥马尘。残杯与冷炙，到处潜悲辛"。付出与所得似乎是不相称的，却是大多数唐代文人的常态。一代文宗、"文起八代之衰"的韩愈也在长安蹉跎十年，汲汲于功名富贵，四处求官不得，生活陷入困顿，"终朝苦寒饥"。多年后，已经取得世俗意义成功的韩愈仍旧对这段凄惨的付出无法忘怀："始余初冠，应进士贡在京师，穷不自存。以故人稚弟，拜北平王（马燧）于马前。"（韩愈《殿中少监马君墓志》）年轻的韩愈在长安权贵马前低三下四，令人赧颜。尤其他吹捧攀附的李尚书（李实），是一个坏事做绝、声名狼藉的奸臣，连累韩愈的人品遭世人质疑和后人诟病。这或许是韩愈追求功业的代价，不得不吞下的人生苦果。

　　千辛万苦地求职，仅仅是宦海沉浮第一站，来之不易的官职考验着受官者的长远实力。并不是所有读书人都能适应漫长的仕途。杜甫的性格中有过于刚正、不近人情的一面②，这给他的仕途困顿埋下了种子，伴随着他从一位洒脱浪漫的翩翩公子变为一个身形瘦弱、眉头紧锁、后背佝偻的老头。杜甫的仕途终于节度使幕僚、检校工部员外郎。大历五年（770年）冬天，在江河日下的大唐晚晖中，杜甫病逝于湘江的一条扁舟之中。

李白并非生而为李白

　　李白有一个过人之处，他能够压制住仕宦欲望，在事功之外开辟一条新路——钻研文学或研究学术来实现个人价值。"人生在世不称意，明朝散发弄扁舟。"舍弃仕途，李白获得了自由，并在江河山林之间收获了丰硕的成果。

　　李白不是生而为李白，而是在一轮轮的攀附、求告和失败、屈辱中锤炼出来的。一个傲气冲天的李白，也要因为冲撞州县长官而卑躬屈膝地公开道歉："白，嵚崎历落可笑人也……白孤剑谁托，悲歌自怜，迫于凄惶，席不暇暖……白妄人也……白之不敏……如能伏剑结缨，谢君侯之德……辞旨狂野，贵露下情，轻干视听，幸乞详览。"（李白《上安州李长史书》）一个饱经风霜的李白，也会在年过半百后，因为永王李璘的征辟而重燃仕进之心，出任幕僚，幻想仗剑平定中原、力挽安史狂澜。李白终究昧于时局，永王李璘在与唐肃宗的权斗中失利，以叛逆身份载入史册。附逆的李白，落得银铛入狱。下狱之后，李白的生花妙笔被迫创作一封封求救信、乞讨书。

　　命运是如此吊诡与无常，当年一道畅游山水的故人高适此时正是镇压永王的主帅，官拜御史大夫、淮南节度使。在大唐诗人中，高适是极少数手握藩镇大权、平衡好舍与得的著名诗人，《旧唐书》甚至夸赞他"有唐已来，诗人之达者，唯适而已"。李白第一时间向高适求救。他还自信于二人昔日的私交。在《送张秀才谒高中丞并序》中，一贯心高气傲的李白不得不奉承微时的好友高适：

青嶂闢山迥
嶇崟道路長
實人多結束行
李自閒彈矧
爲名利剸卿
勞苦興忙年
陳失姓氏北宋
匠平居
甲午新秋

（唐）李昭道（传），《明皇幸蜀图》（局部），台北"故宫博物院"藏

> 高公镇淮海，谈笑却妖氛……我无燕霜感，玉石俱烧焚。但洒一
> 行泪，临歧竟何云。

遗憾的是，没有任何材料证明高适对李白施以援手。如果说高适在附逆案惩办高峰的敏感时刻不方便干涉案情，那么，在李白流放夜郎遇赦、"千里江陵一日还"后，他依然没有任何帮助身陷谷底的李白的迹象，就相当令后人寒心了。

最可能的解释，或许高适已经不是刚入仕时那个"拜迎长官心欲碎，鞭挞黎庶令人悲"的感性之人了。政治成熟的高适极可能无法理解李白一以贯之的天真。要想追求事功就必须舍弃文人的思维做派。而宦海的一大行为准则是稳重、圆滑和以静制动。高宗武后时期，宰相杨再思历事三主，知政十余年，除了迎合皇帝、阿谀奉承，毫无作为。"或谓再思曰：'公名高位重，何为屈折如此？'再思曰：'世路艰难，直者受祸。苟不如此，何以全其身哉！'"（《旧唐书·杨再思传》）对高适而言，十余年前的友情和当下的荣华富贵、落魄的犯罪嫌疑人和唐肃宗的好恶喜怒，孰轻孰重，毋庸多言。

李白体悟不到这一层，注定无法取得世俗的成功。几年后的宝应元年（762年）隆冬，身无分文且久病缠身的李白逝于当涂，结束了传奇而坎坷的一生。

士大夫在世，除了报效朝廷、追逐功名事业外，也就会舞文弄墨、著书立说。前者求事功，后者做学问，前者是显性的、是主流，后者是隐性的、是末流。一个成功的文人士大夫要兼顾事功和学问，既平步青云，又诗书传家。如此完美的成功者，在现实中是极少数。几乎所有的读书人都要对二者有所取舍。这种取舍是极不平衡的，学问创作要求天赋、勤奋和思考，以上都是个体自身能够拥有的；追逐事功的门槛则要高得多，除了有衡量追求者的标尺外，还索取追求者的忠诚、尊严，并附带诸多说不清道不明的要求。显然，追逐事功之路更崎岖难行。人生纠结之处，在于这条路不好走，又不得不走。因此，读书

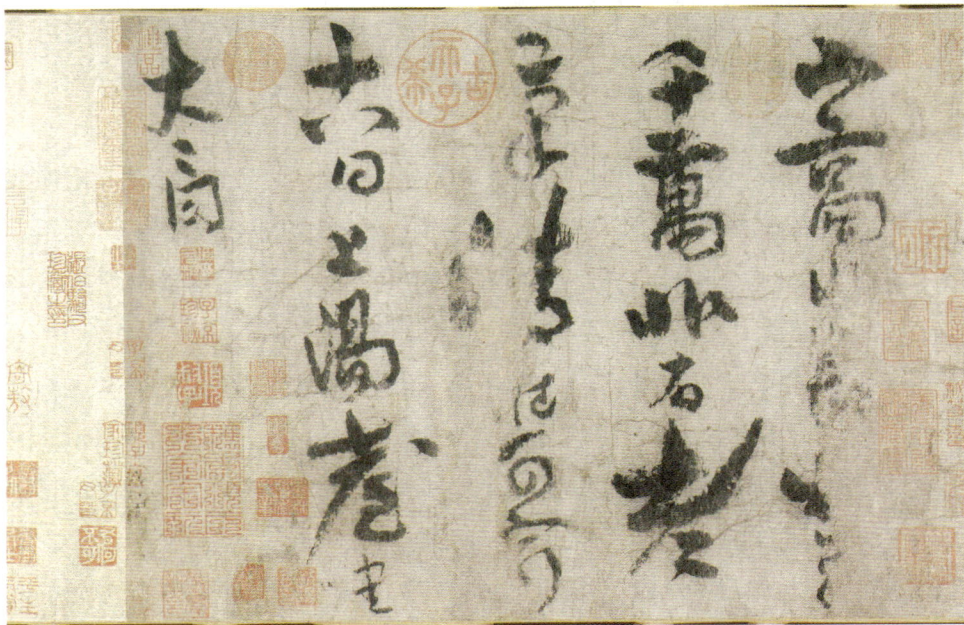

（唐）李白，草书《上阳台帖》（局部），故宫博物院藏

人的人生取舍，准确地说是如何获得仕途的成功，以及在仕途困顿之后如何主动或被动地在文字中寻求内心的平静。不同的取舍，决定了不同的人生方向和结局。

李白、杜甫在人生终点线前，应该都会感慨事功无成、抱负难伸。好在，李白在世时便有"诗仙"的美誉，盛名遍传天下，籍籍无名的杜甫则在病逝半个世纪后才被人发现价值，成为"诗圣"。二人并称"李杜"。

李杜当年仰望并乞求的那些达官贵戚早已为历史淡忘，在李杜那一声声没有尊严的乞求中提及的姓名，反而成了那些达官贵戚留在人世间的唯一痕迹。

注释

① 行卷是唐代的科举习俗。参加科举考试的士子将平时创作的诗文编辑成卷轴，在考试前投递给能够影响科举结果的达官显贵或文坛领袖，以期获得后者的推荐，称为行卷。唐代士子往往需要多次行卷，第二次之后称为温卷。

② 辛晓娟：《杜甫与高适蜀中关系新论》，《中国典籍与文化》2014 年第 2 期。

第二章

杜甫

朋友圈与人生际遇

杜公子的朋友圈都有谁

　　站在中国文学史巅峰的杜甫，最不缺的就是后世的鲜花与掌声，更不乏对他作品的精辟解读、对他生平的详细研究。然而，在繁花锦簇之中，我们容易忽视杜甫那并不如意，甚至称得上贫困漂泊、默默无闻的一生。

　　交游应酬是人生在世的重要内容，从"朋友圈"切入观察一个人的生平便是一条可以信赖的途径。朋友圈里隐藏着主人公所处的阶层、喜好和奋斗，朋友圈的反馈则映射出主人公的地位声望、冷暖得失。朋友圈的质量，一定程度上也是他的人生质量。

　　杜甫的一生，大约有1500首诗歌传诵至今，其中属于在朋友圈明确给他人的赠诗就有736首，占存量总数的近一半，涉及杜甫的402位朋友。杜甫赠诗超过10首的亲友，分别有严武30首、高适20首、章彝13首、李白13首、郑虔13首、李之芳10首。相应地，杜甫却仅仅收到16首赠诗，收赠比低至1∶46；回应他的仅有8人，不及赠诗对象的1/50。尽管由于诗歌佚失会影响对比结果的精准度，但我们仍然大致可以窥见一个热衷于赠诗却极少得到回应的杜甫形象——杜甫交游应酬的质量并不高，折射出他生前的几缕落寞、一丝悲凉。

　　个人交游和人生的状态、际遇密不可分。杜甫的人生大致可以分为追求不同、命运各异的三个阶段，进而展现了内涵各不相同的三段朋友圈。伴随着大唐王朝的盛衰起伏，他快意轻狂过，也强颜欢笑过，攀附过权贵，也长期困顿于失意与贫困的泥潭，每个阶段都是杜甫真实的人生。

杜甫的前半生，也就是在天宝六载（747年）西入长安之前，似乎不知困苦为何物。受惠于蒸蒸日上的盛唐国势，有赖于杜氏家族祖荫未消，杜甫沉浸在读书和壮游之中，度过了十多年裘马轻狂的快意生活。

海内升平，一个官宦公子纵马驰骋在"樽中酒常满、良夜人尽欢"的清风明月之下，堪称盛世大唐的上佳注脚。杜甫自诩为官从政是家族"素业"，自我确立的人生目标是"致君尧舜上，再使风俗淳"。漫游途中，他不时迸发出心底的雄心壮志。在巍巍泰山顶，杜甫留下一首《望岳》，结尾的"会当凌绝顶，一览众山小"流传上千年，成为泰山最著名的题咏之一，流露出诗人不凡的抱负；在画作前，杜甫热情地歌颂雄鹰和骏马（《画鹰》《房兵曹胡马》），留下"所向无空阔，真堪托死生。骁腾有如此，万里可横行"的托物言志。尽管科举落第、年纪渐长，杜甫依然相信前面有一条金光大道在等着自己。年轻的杜甫固然飘在云端，有好高骛远之嫌，但他并未完全目光高高在上，只盯着豪门士族。他将纸笔对准州县内外和百姓疾苦，他的赠诗对象从皇亲国戚到贩夫走卒，不一而足。他终生保有那份少年的纯真，相信一切美好的事物，只要所遇之人足够有趣或难忘，都平等相待，一律诉诸笔端。

这一段时间，杜公子杜甫结识的朋友，奠定了朋友圈的基调。后人称呼杜甫为"老杜"，除了亲切，还赞誉他是属于平民大众的。杜甫朋友圈中普通人占比颇高，这是研究者通常首先关注的特征：

在杜甫的"朋友圈"中，普通民众是大多数，哪怕是没有具体姓名的"田父"。比如流落山东一带的京兆武功人苏预，京畿王倚，成都家中"花满蹊"的邻居黄四娘和喂鸟的朱隐士，夔州做生意的胡商和仆人阿段，羌村看到杜甫一家人团聚满墙头"感叹亦歔欷"的邻人，隐居在东蒙山的道士董炼师和元逸人，以及唐十五诫、唐十八、寒儒李衔、僧人赞公等等。此外，杜甫也有一些具有一技之长的艺术家朋

（唐）韩干，《照夜白图》，美国大都会艺术博物馆藏

友，比如梨园弟子李龟年、画师曹霸、画家王宰、书法家顾戒奢等。[①]

可贵的是，杜甫始终与这些普罗大众保持平等往来——不以自己或交往对象的境况的变化而改变。20年后，担任华州司功参军的中年杜甫，遇到故人卫八处士。当年正值青春的两位故人，都已经携家带口，鬓发花白了，"少壮能几时，鬓发各已苍。访旧半为鬼，惊呼热中肠"。二人就着黄粱米、春韭菜，举杯畅谈。30年后，流落夔州的杜甫有过两年躬耕田园的生活，来自异族的仆人阿段不避虎豹，不与他人争水，而是深入山林，用竹管引来泉水。杜甫写诗称赞阿段的聪明能干（《示獠奴阿段》）：

山木苍苍落日曛，竹竿袅袅细泉分。

郡人入夜争余沥，竖子寻源独不闻。

病渴三更回白首，传声一注湿青云。

曾惊陶侃胡奴异，怪尔常穿虎豹群。

在生命的最后几年，杜甫沦落湖湘，遇到了同样落魄的著名乐师李龟年。

（五代）顾阂中，《韩熙载夜宴图》（局部），宋摹本，故宫博物院藏

江南春花飘零，杜甫仿佛回到了当年同样暖煦飞花的盛唐长安，回到了自己和李龟年都最美好的年华，提笔写下了《江南逢李龟年》：

岐王宅里寻常见，崔九堂前几度闻。

正是江南好风景，落花时节又逢君。

可以说，杜甫是一个天真单纯的人、一个重情重义的人，是不错的朋友人选。一个人在青少年期奠定的言行特性是不会轻易变更的。杜甫快意交游的前半生，最值得一书的便是他与李白的友谊。即将结束人生第一阶段的杜甫，在33岁时于洛阳遇到刚被"赐金放还"的李白。彼时，李白已经名满天下，比杜甫年长11岁。李杜二人建立了亦师亦友的关系。两人同游梁宋，其间同样默默无闻的高适加入进来，三人畅饮酣睡、纵游秋冬、慷慨怀古。中间一度分别后，杜甫又与李白于第二年在山东短暂重逢，又因为人生状态不同而各奔东西——杜甫西入长安，闯荡庙堂，李白则漂向江湖深处，从此再无聚首。

杜甫与李白、高适的交游，没有任何功利考量，而是寒微之交，是基于才华、志趣的精神之交。这也是杜甫与朋友交往的一贯理念。诗人与文豪之间的惺惺相惜，没有因为时间短暂、天涯两隔而淡化，情谊历久弥坚。杜甫将李白视为终生挚友，思念因时空不便而肆意生长，流传下来13首致李白的赠诗。在赠诗中，杜甫一如既往地抒发自身的抱负和理想，比如"笔落惊风雨，诗成泣鬼神"，又如"痛饮狂歌空度日，飞扬跋扈为谁雄"，既是夸赞李白，又何尝不是自诉自勉？留存下来的李白致杜甫的诗歌虽然仅3首，可考虑到李白洒脱疏简、不尘于世的个性，已经足以证明这段友谊在李白心中的分量了。

如果杜甫继续快意滋润的生活，唐代文坛会多一位托物言志、借景抒情的诗人，不过这样的诗人在当时并不少见，他至多算是一个二流的诗人；杜甫也将在游历途中认识更多的文人雅士、凡夫俗子，继续壮大自己的朋友圈，不过那样的朋友圈风平浪静、缺乏层次感。杜甫的人生也将是单面相的，欠缺色彩的。改变发生在天宝六载（747年），杜甫走出舒适圈，一头扎进恢宏的长安城求官。从此，大唐少了一位轻狂潇洒的公子，多了一位命运多舛的文豪。

36岁的杜甫从"杜公子"升级为"老杜"。

🔷 困居长安的老杜

大唐长安，是汇聚神州精华的帝国明珠，是享誉世界的国际大都市，对于天下士人而言，更是施展才华、实现抱负的天堂。唐朝开放政权，恭候天下才学之士，种种制度设计为读书人提供了前所未有的机遇。大江南北，无论豪门还是寒庶，读书人或有心人，犹如被虹吸一般从州县乡镇涌向长安城。其中就包括杜甫。

人到中年，杜甫痛下决心去谋取一官半职，为杜氏门楣，也为自己。

在长安，"求官"与"交际"几乎是同义词。官职永远是稀缺的，机会永远不可能满足所有人。虽然可以通过考试或凭借才华得官，但求官之路依然是千军万马蜂拥的"独木桥"。以最为舆论瞩目的进士科为例，平均每次录取二三十人，而长安城内应试者数以千计。聚集于此的竞争者需要广泛交友，谋求强有力的支持者，并参与各种社会活动，提升声誉。所有交游活动的目的只有一个，那就是在官员选拔过程中增加自己的曝光率，提升中选权重。这些活动主要是两类。第一类是目的性极强的干谒、行卷，直接针对能对选官发挥作用的达官显贵。杜甫中年认识的朋友王维，21 岁就高中状元，少年得志，与他结交亲王公主，在应试之前就名声远扬关系重大。第二类是务虚性较强的各种唱和、宴会活动，泛泛地扩大人际关系、提高声望。这类交游，参与者身份地位比较平等，又因为唐代以诗为贵，通常以诗会友，参与者容易志趣相投，结识的人往往更牢靠。大量唱和诗、赠诗便诞生在第二类活动中。唐朝越往后，长安城交游的风气越盛。因此，唐代科举选官的本质，与其说是"考试"，不如说是"选举"更贴切。对应试者的交游能力要求很高。

杜甫初至长安，延续了酣畅快意的交游风格。当时，长安舆论将居住在长安或曾经"安漂"的八位善饮的文士——贺知章、李适之、李琎、崔宗之、苏晋、李白、张旭、焦遂，称为"酒中八仙人"。他们嗜酒、豪放、旷达。杜甫选择这一流行题材、以白描的手法创作了《饮中八仙歌》。我们无法获知杜甫与其中几人有过交往，抑或八仙都是他的朋友，但诗歌显示即将迈向不惑之年的杜甫，心态是乐观、放达的。可惜的是，他的这份乐观在冷冰冰的现实面前逐步崩塌。

随着岁月的推移，祖荫逐渐褪去，又无法融入当权者的人脉视野，加上不算殷实的家底难以支付昂贵的都市生活，杜甫的客居生涯在困顿中越陷越深。几次仕途选拔又为权相所阻。杜甫不得不面对现实。个人难以与强大的当权集团作对，最务实的对策还是努力挤入当权者的圈子。杜甫转而将精力倾注在向权贵的针对性行卷上。他的朋友圈中出现了若干个不和谐的身影。

京兆尹鲜于仲通在剑南节度使任内，轻启战端、损兵折将，因为依附权相杨国忠而安然无恙，安享富贵。杜甫却写下洋洋洒洒的《奉赠鲜于京兆二十韵》，称赞鲜于仲通"王国称多士，贤良复几人？异才应间出，爽气必殊伦""脱略磻溪钓，操持郢匠斤"，简直是姜太公再世，还称赞鲜于家族人才辈出，"凤穴雏皆好，龙门客又新"。末了，杜甫才表达写作的目的："交合丹青地，恩倾雨露辰。有儒愁饿死，早晚报平津"，希望鲜于仲通能够向朝廷举荐自己。可惜，鲜于仲通无动于衷。

当朝驸马、太常卿张垍是排挤李白的幕后黑手之一。多年后，张垍附逆安禄山，出任伪职。可以判断，张垍人品是有问题的，杜甫于情于理都不应该称赞这样的人。可叹的是，杜甫写下了《奉赠太常张卿二十韵》，从官爵、文章、名望等方面全方位地吹捧张垍："轩冕罗天阙，琳琅识介珪。伶官诗必诵，夔乐典犹稽。健笔凌鹦鹉，铦锋莹鹏鹈。友于皆挺拔，公望各端倪。通籍逾青琐，亨衢照紫泥。灵虬传夕箭，归马散霜蹄。能事闻重译，嘉谟及远黎。弼谐方一展，班序更何跻。"杜甫是没有政治靠山、没有仕途人际的一介寒儒，困居长安近十年，一筹莫展，只要是手握实权的大官，都是他需要攀附的。在诗歌的末尾，杜甫以极低的姿态，哀求张垍施以援手："槛束哀猿叫，枝惊夜鹊栖。几时陪羽猎，应指钓璜溪。"可惜，张垍也无动于衷。

讽刺的是，官职到手之日，却是杜甫对先前道路的否定之时。天宝十四载（755年），杜甫44岁了，八年的奔波乞求终于换来了"河西尉"这一微末小官（后即改任右卫率府胄曹参军）。此刻，他没有梦想成真的释然，没有理想实现的畅快，反而有些排斥这个鞭挞黎民的官职。求官的目的应是实现胸中抱负，而不是为了当官而当官。可叹的是，太多人在汲汲于功名的过程中将手段异化为目的。杜甫也沉沦在追名逐利的道路上，但胸中始终是非分明、善恶彰显，他终究没有活成自己讨厌的模样。释褐②为官，杜甫仍旧是那个白衣杜甫。

当年十一月，杜甫前往奉先（今陕西蒲城）省家，刚进家门就听到哭泣声：小儿子饿死了！这趟经历促使杜甫反思人生抉择。他结合困居长安的感受，写出了《自京赴奉先县咏怀五百字》。杜甫清醒地认识到，长安城"朱门酒肉臭，路有冻死骨"，自己付出了尊严和热忱，过着"朝扣富儿门，暮随肥马尘"的屈辱生活，却没能换来合适的职位，更勿论年少时"致君尧舜上，再使风俗淳"的政治抱负了。

杜甫的反思一度为安史之乱打断。杜甫省亲之时，安禄山在范阳叛乱，横扫山东，兵至关中，连下洛阳、长安。大唐盛世轰然倒塌，磨难和机遇同时摆到了杜甫面前。天下大乱，他坚定地站在朝廷一边。得知唐肃宗即位于灵武，杜甫只身投奔，途中不幸为叛军俘虏，押回长安。所幸官职低微，杜甫没有遭囚，寻机逃奔而去。唐肃宗感动于杜甫辗转数百里的忠诚，授予杜甫清要之职：左拾遗。这是杜甫最接近权力核心的时刻，成功唤醒了他心中的宏伟抱负。但几个月后，他又亲手葬送了这天赐良机。

　　至德二载（757 年），杜甫的布衣之交、时任宰相的房琯率师平叛，兵败陈涛斜。数万唐军血洒疆场。唐肃宗将房琯罢相外放，杜甫选择犯颜为这个宰相好友辩护。《旧唐书》记载"甫上疏言琯有才，不宜罢免"，唐肃宗盛怒之下，贬杜甫为华州司功参军。《新唐书》的记载较为详细：唐肃宗起初将杜甫下三司审问。宰相张镐从畅通言路角度为杜甫求情，唐肃宗怒气有所消解。杜甫还继续为房琯辩护，认为房琯才堪公辅，兵败是性情疏简造成的，希望皇帝能够弃细录大，宽免房琯，最后还以自己身家为房琯担保："陛下赦臣百死，再赐骸骨，天下之幸，非臣独蒙。"此举使得唐肃宗彻底疏远并贬离了杜甫。杜甫真正的政治生命从此结束了。

　　玄宗与肃宗的权力交接是一个重要事件。房琯不是唐肃宗的元从亲信，而是从其父唐玄宗一方转投而来的宰相，身份本就尴尬；陈涛斜之败，房琯葬送了战时小朝廷好不容易聚拢的军事本钱，且因为用人不当遭致诸多弹劾。在风口浪尖之上，杜甫出头拯救房琯，累及自身。杜甫视房琯为多年老友，一共赠诗 5 首，可是这位宰相朋友却没有丝毫提携关照杜甫的记载。（相反，另一位宰相张镐，还出力为杜甫说话。）

　　房琯事件暴露出杜甫不谙政治，不适合官场；暴露出杜甫昧于识人，不能清醒地辨别朋友的善恶、亲疏；也再次表明面对政治压力和权力诱惑，杜甫依然是那个纯真的少年，是一个不错的朋友。

　　杜甫对于房琯的友谊是真挚的。几年后，流落巴蜀的杜甫经过房琯葬身的阆州，还特地前去拜祭，留下了一首《别房太尉墓》：

他乡复行役，驻马别孤坟。

近泪无干土，低空有断云。

对棋陪谢傅，把剑觅徐君。

唯见林花落，莺啼送客闻。

在诗中，杜甫和房琯没有身份地位的差异，只有对朋友的肯定，只有天低云断之下的悲伤和缅怀。那一天，杜甫面对孤坟，如同两位多年未见的老友那般叙旧闲谈。彼时，杜甫已经远离庙堂，恢复到了简单纯真的少年状态。

飘零江湖，重逢于江湖

乾元二年（759年），杜甫开始了人生第三个阶段，即漂泊巴蜀、湖湘的最后12年。

杜甫去官入川，是他的不幸，却是四川的幸运。杜甫携家带口，满怀失意、困苦而来，带着大半生塑造的性格、优缺点，也带来了之前建构的朋友圈。

在杜甫落魄飘零期间，多位朋友向他施以援手。在鄜州，孙宰热情款待了狼狈不堪的杜甫一家，羌村乡邻"父老四五人，问我久远行。手中各有携，倾榼浊复清"，想必给逃难中的杜甫些许安慰。在成都，成都尹裴冕为杜甫一家提供粮米；多位画家朋友来杜家，装饰作画；邻舍农夫赠送蔬菜，还经常邀他饮酒。这些构成了杜甫定居成都的重要条件。在江陵府，暮年的杜甫遇到了年轻的粉丝卫均，后者对贫困的偶像慷慨相助。这种相遇于江湖，不求任何回报的解囊之交，最令人难忘。

杜甫流落四川之初，故友高适恰好在四川任职，先是刺史，后为节度使。高适得知故友前来，作《赠杜二拾遗》问候，并给予接济，杜甫回赠《酬高使君相赠》答谢："故人供禄米，邻舍与园蔬。"在高适和其他朋友的帮助下，杜甫在成都西郊风光秀丽的浣花溪畔修建茅屋定居。安顿下来后，高适亲临草堂拜访，这无疑对杜家在当地站稳脚跟有着莫大的帮助。不过，对杜甫帮助最大的还是接替高适的继任节度使严武。

杜、严两家原本就有世交，杜甫与严武又有共同的好友——房琯。严武在

無邊落木蕭蕭下
不盡長江滾滾來

（清）王时敏，《杜甫诗意图》（局部），故宫博物院藏

仕途上受过房琯的恩惠，杜甫为房琯辩护一事极可能深得严武的欣赏。主政一方后，严武不仅在经济上资助杜甫，还辟署杜甫为幕僚，奏授后者节度参谋、检校工部员外郎，赐绯鱼袋。这虽然是节度使为幕僚争取官衔的惯例，却使杜甫得到一生中最高的职务，因此得名"杜工部"。杜甫对严武是感激的，赠诗多达 30 首；严武存诗仅 6 首，其中 3 首就是写给杜甫的。然而，任职不到半年，杜甫就辞职返回草堂，而且和府主严武的关系闹得很僵，甚至有性命之虞。其中缘由是什么，又展现了杜甫的何种侧面？

《旧唐书·杜甫传》记载，杜甫书生气息浓厚，在"浣花里种竹植树，结庐枕江，纵酒啸咏，与田畯野老相狎荡，无拘检"。严武前来探望，杜甫也不穿正装，"其傲诞如此"。一次，醉酒的杜甫"恃恩放恣"，登上严武的床榻，瞪着严武说："严挺之乃有此儿！"严挺之是严武的父亲，公开称呼别人父亲的名讳是极不礼貌的。严武性格暴躁，但对杜甫不以为忤。《新唐书·杜甫传》的记载则不同："武以世旧，待甫甚善，亲入其家。甫见之，或时不巾，而性褊躁傲诞，尝醉登武床，瞪视曰：'严挺之乃有此儿！'武亦暴猛，外若不为忤，中衔之。"严武将这笔账记在了心底。《唐语林》则描述严武生气了，对杜甫"恚目久之"。杜甫也意识到自己的言行过分了，自嘲道："杜审言孙子拟捋虎须耶？"杜审言是杜甫的祖父。在座者顺着杜甫的话头纷纷笑出声来，"以弥缝之"。严武这才没有当场发飙。

严武本质上并非文人，更接近于军阀，性格暴虐，似乎是睚眦必报之人。新旧唐书本传都直指严武在蜀期间为政肆虐，横征暴敛，用度没有节制。他可以为喜欢的人或事赏赐百万，也可以为小忿杀人。严武主政时期，四川闾里为之一空。当然，因为这么一位强权人物坐镇，外敌也不敢侵扰蜀地。严武病死于成都时，母亲裴氏尚健在，痛哭一番后，又轻轻地舒了口气，说："而今而后，吾知免为官婢矣。"可知严武得以善终，对他和家人来说是件好事。

《新唐书·严挺之传》说，严武"最厚杜甫，然欲杀甫数矣"。有一天，严武集合官吏要杀杜甫和梓州刺史章彝。出门前，严武的帽子被门帘钩住了三次。左右之人趁机报告了其母亲裴氏。裴氏奔出来阻拦，这才救下了杜甫，但严武坚持杀掉了章彝。

章彝是严武的部属。玄宗、肃宗父子在半个月内相继驾崩，严武受召回长安监修陵寝。梓州刺史章彝兼东、西川节度留后。其间，杜甫与章彝过从甚密。杜甫本来就昧于识人，如今又犯了吹捧、攀附的老毛病。章彝爱好狩猎，于半夜调遣卫士整装待发，杜甫便创作了《冬狩行》赞美他："春蒐冬狩候得同，使君五马一马骢。况今摄行大将权，号令颇有前贤风。"当时天下未宁，朝廷多难，章彝沉迷打猎显然是不务正业，是不妥的。杜甫却吹捧他为国家栋梁："淮海维扬一俊人，金章紫绶照青春。指麾能事回天地，训练强兵动鬼神。"（《奉寄章十侍御》）待严武回任节度使后，对专横跋扈的章彝既忌惮又厌恶，动了杀心。杜甫为章彝"党羽"，自然也上了黑名单。

杜甫又吃了一次人际关系的亏，两次掉进了同一条河里。正常人吃的亏多了，通常就学会了揣摩人性，越来越善于迎合。杜甫不是正常人，而是一个如假包换的书生，毕生都没有学会察言观色、看人下菜碟那一套。他也吹捧他人，却都是浅显可见的附会，杜甫在写作与交际中固执于自己的想法。年岁愈长，杜甫愈不会低头，也没有学会人情世故，而是变成了一个迂腐、单纯、可爱的小老头。离职半年后，严武暴亡，失去依靠的杜甫举家顺江东下，在夔州逗留两年后，出三峡飘荡在长江中游，最终病逝在湘江岸边泊船之上。

杜陵短褐履如泥，饭
耕凄凉日午时为报
西流夜郎客锦袍霜
冷更相思

右草堂杜拾遗戴笠
小像吴兴赵文敏公所
画往年承得之高安
刘民官右心六十八文士
魏画作桃花山中因持
以赒，并题识其上云

汉武庚申秋仲珠林生
刘松书

（元）赵孟頫（传），《杜甫像轴》，故宫博物院藏

❀ 他还是那个天真的书生

　　唐代士人重交际，杜甫也不能免俗。他待人真诚，处事单纯，和他做朋友应该是一件轻松愉悦的事。可朋友圈交际具有社会性，并不全是书生私事。杜甫的性格缺陷毋庸讳言，比如"甫性褊躁，无器度"（《旧唐书》），又比如"甫旷放不自检，好论天下大事，高而不切"（《新唐书》）。他缺乏政治家的理性与耐力，注定在政治上无所成就；他对认定的朋友掏心掏肺，缺乏分寸，注定会遭别有用心者陷害。杜甫也曾反省过，可他思索的都是家国天下和人生大事，反省的结果是从一位翩翩公子蜕变为一位伟大的现实主义诗人，关注民间疾苦、牵挂国家兴亡，单单忘记与现实妥协、调和个性。而性格的缺陷，害得杜甫遭遇了一次次的挫折和打击。落魄半生，杜甫始终是那个天真的书生。

　　终其一生，杜甫只是一个落魄不得志的中下层士人，在默默无闻与贫寒交迫中悲凉死去。这样的角色在大唐的大地上车载斗量，他们留在人世间的痕迹很快就会被历史的长河湮灭。杜甫身故之初也是这般情形，少有唐人传诵杜诗，当时的诗歌集子没有收录他的作品。杜甫的朋友圈，讲到这里也应该终结了。然而，将近半个世纪后出现了一个后来者。他在杜甫朋友圈的点赞与转发，一举扭转了杜甫的寂寞身后名，给杜甫呈上了"诗圣"的桂冠！

　　杜甫的这位新朋友，就是元稹。

　　因赤贫无力营葬，杜甫的遗体暂厝湘江之畔。孙子杜嗣业，是个倔强的孝顺孩子，于杜甫逝世43年后的元和八年（813年）重拾祖父的遗骨，从湘江北上，一路跋山涉水、风餐露宿，立志要将祖父归葬河南首阳山祖茔。途经江陵，杜嗣业抱着试一试的心态，拿着杜甫的遗作，恳请镇守此处的元稹撰写墓志。元稹是前任宰相，又是文坛领袖，杜嗣业是一介草民，所求的传主又是一名故去多年的小官。这原本是一桩成功概率极小的事件。然而，几天后，元稹回赠了一篇对仗工整、气势雄浑的《唐故工部员外郎杜君墓志铭》！

元稹拜读了杜甫诗作，深为折服，赞誉"以为能所不能、无可不可，则诗人以来，未有如子美者"！唐代最著名的诗人无疑是李白，不管在生前还是身后，都誉满神州。元稹将杜甫与李白相提并论："李白亦以奇文取称，时人谓之'李杜'。""李杜"一词，应该不是已有的名词，而是元稹的发明创造。除了撰文做出极高的评价，元稹还身体力行，学习杜甫的理念与手法进行创作，并热情介绍给白居易等好友，扩大了杜甫的粉丝范围。韩愈、杜牧等名家相继成为杜甫的粉丝。从此，杜甫文字的价值为人挖掘，杜甫的文学地位扶摇直上，"李杜文章在，光焰万丈长"。

身后的荣誉，杜甫是无法知晓的。他终究是那位清瘦穷苦、江湖漂泊的书生，在看似纷繁热闹的朋友圈里，固执地发布着自己的毁誉、迷茫、无奈与坚强。

注释

① 谢玉明：《杜甫的"朋友圈"与友情诗》，《和田师范专科学校学报》2018 年第 2 期。

② 释褐的原意是做官，谓脱去布衣（平民服装）换上官服。科举时代指新登第者于发榜后按规定举行的一种仪式。

第三章

刘禹锡、白居易

乐观是一种可贵的天赋

✦ "鸿门宴"上，少年轻狂

大和八年（834 年），烟火繁华的扬州。

扬州地处大运河枢纽，舟楫往来频繁，东南地区官员的迁转、宦游通常经此地周转。63 岁的刘禹锡自苏州刺史改授汝州刺史，便取道扬州北上赴任。当时，罢职宰相、牛党领袖牛僧孺以检校尚书左仆射、兼平章事之尊外任淮南节度使，驻节扬州，听说刘禹锡路过，设筵开席招待他。席间，牛僧孺以《席上赠刘梦得》相赠：

> 粉署为郎四十春，今来名辈更无人。
>
> 休论世上升沉事，且斗樽前见在身。
>
> 珠玉会应成咳唾，山川犹觉露精神。
>
> 莫嫌恃酒轻言语，曾把文章谒后尘。

在赠诗中，牛僧孺高度评价了刘禹锡，称赞刘禹锡是数十年难得一见的尚书郎，创作的作品犹如珠玉，必将传颂后世，也宽慰刘禹锡不要为仕途的起伏而介意，重要的是养好身体。这首诗的前三联都没有超越官场应酬的范围，表达的是身居高位者对一位仕宦不如意的年长者的宽慰。有意思的是尾联。牛僧孺以调侃的语气说："老大人别嫌我酒后仗着醉意说句不中听的话，您还记得我就是当年那个拿着文章拜谒您的后生吧？"原来，牛僧孺的心底埋藏着一股对刘禹锡的积怨。

那是 30 年前，刘禹锡年少得名，官居清要，虽然年轻却已经拥有了提携后进的能力。来自西北的寒门考生牛僧孺，到长安应试，带着得意作品拜上刘禹锡家门，恭恭敬敬地行卷。刘禹锡得意不免轻狂，当着满堂宾客，打开牛僧孺的文章，一边朗读，一边点评缺点："必先辈未期至矣！"说完，提笔飞快涂改。堂下的牛僧孺自然难堪，只好怏怏不乐地拜谢而归。年轻时的挫折，镌刻在记忆中的印迹尤其深刻。尽管如今时过境迁，尊卑异位，牛僧孺依然没有释怀。

刘禹锡估计也料到了这是一场鸿门宴，他不卑不亢地和诗《酬淮南牛相公述旧见贻》：

少年曾忝汉庭臣，晚岁空余老病身。

初见相如成赋日，寻为丞相扫门人。

追思往事咨嗟久，喜奉清光笑语频。

犹有登朝旧冠冕，待公三入拂埃尘。

刘禹锡坦陈自己当年年少轻狂，如今老病缠身。当年的牛僧孺犹如文豪司马相如，自己有幸在长安见证了牛僧孺一鸣惊人，如今拜倒在牛僧孺门前求谒、求关照。汉初人物魏勃少时，欲求见齐相曹参，家贫无以自通，就常常在早晚独自洒扫齐相舍人门外，"丞相扫门人"用了这个典故。追思往事令人叹息，幸喜现在能陪使相大人一起欢宴谈笑。在尾联，刘禹锡直接回应了二人的积怨："牛大人第三次荣登相位（之前牛僧孺已经两度拜相）之日，恳请将我免职吧（拂埃尘）！"牛僧孺吟完和诗，笑道："入相之事，愧不敢当。"宾主高兴地通宵达旦欢宴，在觥筹交错中消解了积怨。

在大唐的历史舞台上，刘禹锡更多的是以政治家的姿态亮相。对他的介绍总是和"永贞革新"以及二王八司马的命运联系在一起。当然，刘禹锡在文学领域的名声要显赫得多。作为诗歌选本的常客，读者熟悉以文章为羽翼、激荡江山与风物的刘禹锡，了解他"忧国不谋身"的气度、"吹尽狂沙始到金"的坚韧、"振臂犹堪呼一掷"的执着和"天与所长，不使施兮"的悲愤。此处我们不再重复刘禹锡的政治生涯，也不赘述他的上述品质，而要着重谈谈刘禹锡身上另一种难得的品质：乐观！

诚如在扬州筵席上的赠诗往来所示，刘禹锡仕途坎坷，都不能用"起了个大早赶了个晚集"来形容，而简直是从巅峰跳崖，然后一直沉溺在谷底。这样的人生，对于胸怀壮志的士大夫来说，是异常压抑、悲苦的。可刘禹锡"冲罗陷阱，不知颠踣"，眼里始终有光、心中始终乐观，用豁达、热情且细腻的笔触描绘着人生与世界。

（唐）李思训，《耕渔图》，台北"故宫博物院"藏

❀ 白居易：与君把箸击盘歌

　　大和八年的牛刘相会，并非刘禹锡的第一次扬州之行。文学史上另有一场著名的扬州相会：宝历二年（826 年）刘禹锡与白居易的第一次相遇。

　　当年冬天，刘禹锡自和州刺史任上为朝廷征还。那个当年被迫离开长安的意气风发的青年，已经步入两鬓苍白的晚年。幸运的是，之前与刘禹锡相互仰慕的同龄人、诗人白居易恰好在苏州刺史任上告病离职，两人恰好都途经扬州。于是，彼时大唐星空中最明亮的两颗星辰第一次汇聚在一处，在畅谈欢宴间碰撞出耀眼的光芒。白居易赠诗《醉赠刘二十八使君》：

> 为我引杯添酒饮，与君把箸击盘歌。
>
> 诗称国手徒为尔，命压人头不奈何。
>
> 举眼风光长寂寞，满朝官职独蹉跎。
>
> 亦知合被才名折，二十三年折太多。

　　或许，当时每一个第一次遇到刘禹锡的人都绕不开他那坎坷的仕途，白居易也不例外。

　　白居易 29 岁考中进士，算得上年少得志，可刘禹锡在 21 岁就考中了进士，同年再登博学鸿词科，堪称是科举翘楚。（刘禹锡的同年进士中还有更年轻的，比如比他小一岁的柳宗元。）刘禹锡释褐为太子校书，历任淮南节度使掌书记、渭南县主簿，迁监察御史，直至永贞革新中进入决策圈。革新期间，王叔文"引禹锡及柳宗元入禁中，与之图议，言无不从。转屯田员外郎、判度支盐铁案，兼崇陵使判官……侍御史窦群奏禹锡挟邪乱政，不宜在朝。群即日罢官"。王叔文一派作风犀利，"既任喜怒凌人，京师人士不敢指名，道路以目，时号'二王刘柳'"。刘禹锡等人"犯众怒"（《旧唐书》），是永贞革新失败的原因之一。坦率地说，永贞革新的政策主张并非乱政，而为宪宗朝所继承，开创了"元和盛世"；年轻的刘禹锡、柳宗元等人也并非揽权小人，而是立志革故鼎新的年轻才俊。可惜，改革的成败不是政策主张和个人意愿就能决定的，而是一个复杂的综合性事件。更可叹的是，改革失败的恶果却真真切切地落在了刘禹锡的头上。

贞元二十一年（805年）九月，刘禹锡被贬为连州刺史，途中再被贬为朗州（今湖南常德）司马。唐宪宗有"逢恩不原"之令，明确刘禹锡这个人"不可复用"（《旧唐书》）。这一贬就是23年。人生有几个23年呢？

刘禹锡峰顶跌落的时候，白居易仅是一名校书郎，离仕途的出发点不远，无从置喙，但私下给予了巨大的同情和支持，与辗转州县的刘禹锡鸿雁传书二百封。白居易对刘禹锡的命运无比感慨，对他"举眼风光长寂寞，满朝官职独蹉跎"的命运极度不平。这不仅是刘禹锡一个人的命运，也是同样称不上平步青云的白居易的境遇。命运如此令人无奈，天下官员数以万计，看惯了平庸之辈、钻营之人扶摇直上，为什么单单才华横溢的刘禹锡多次被贬、长守寂寞？虽然是第一次相会，白居易的坦率、怨愤与同情溢于言表。

刘禹锡的感受则超越了愤懑、不甘与悲苦。几十年的宦游阅历赋予了他别样的感悟。其间，10年朗州司马、5年连州刺史、4年夔州刺史、2年和州刺史等。他仕进无门、音书隔绝，又经历了与母亲、挚友的生离死别，遍尝一个人能够品尝的绝大多数痛苦。而与生俱来的乐观，是他对抗命运的最大武器。

朗州"地居西南夷，士风僻陋，举目殊俗，无可与言者"（《旧唐书》）。无

（唐）佚名，《唐人宫乐图》，台北"故宫博物院"藏

人可以言说的刘禹锡反而创作了积极、豁达的《秋词》：

自古逢秋悲寂寥，我言秋日胜春朝。
晴空一鹤排云上，便引诗情到碧霄。

　　他在朗州的时间太长了，以至于"突弁之夫，我来始黄。合抱之木，我来犹芒"。"我言秋日胜春朝"的豁达乐观让刘禹锡成功融入了当地的生活。朗州民俗迥异于中原，突出表现是信巫，并衍生出诸多傩祭、竞赛等活动。在盛大活动上，巫师带领演唱旋律优美但晦涩难懂的歌曲。刘禹锡受此启发，仿照屈原《九歌》的风格，为当地歌曲重新填词，创制了"竹枝词"这种诗歌新形式，使"竹枝词"由巫傩祭祀活动的附庸成为一种独立的诗歌形式①。"州接夜郎诸夷，风俗陋甚，家喜巫鬼，每祠，歌《竹枝》，鼓吹裴回，其声伧儜。禹锡谓屈原居沅、湘间作《九歌》，使楚人以迎送神，乃倚其声，作《竹枝辞》十余篇。于是武陵夷俚悉歌之。"（《新唐书》）

长庆元年（821年）冬，刘禹锡获任夔州（今重庆奉节）刺史，翌年正月到任。职位虽然提升了，但夔州幽深荒蛮的境况更甚于朗州。白居易在《自江州至忠州》中描写了他见到的忠州景象："今来转深僻，穷峡巅山下""巴人类猿狖，矍铄满山野"。在他看来，三峡一带的巴人居民犹如猿猴。同时代范摅在小说集《云溪友议》中记载"中山刘公曰：顷在夔州，少逢宾客，纵有停舟相访，不可久留，而独吟曰：'巴人泪逐猿声落，蜀客舟从鸟道来。'"。夔州地处蜀楚要冲，人流往来众多，但久留的人不多。在刘禹锡主政夔州期间，永贞革新集团的韦执谊之子韦绚负笈逆流而上，投奔刘禹锡求学。刘禹锡接纳了韦绚，后者将二人的问学闲聊记录整理为《刘宾客嘉话录》一书传世。

在夔州，刘禹锡依然陶冶在诗文之中。他笔下的夔州民风淳朴、山川秀美，"山上层层桃李花，云间烟火是人家"。刘禹锡的另一首代表作《竹枝词》便创作于此时：

> 杨柳青青江水平，闻郎江上唱歌声。
>
> 东边日出西边雨，道是无晴却有晴。

刘禹锡无法逆转贬谪的命运，无法掌握自己的仕途，但可以掌控自己的人生。他没有将20多年的贬谪当作囚禁，而是当作人生必经的磨难。高山之上的青松必然经历狂风暴雨、电闪雷鸣，人生也必定经历迷茫彷徨、生老病死。至于官位俸禄和文坛盛名，不过是红尘俗世的定义，或者说并非人生本原的意义。生命才是实实在在的，人生的广度与深度掌握在自我的手中。刘禹锡是这么想的，也是这么做的。所以，朗州和夔州的竹枝词、三峡和白帝城的现实云雨和历史风烟，出现在刘禹锡的笔端，出现在刘禹锡品味人生的无常和美好之中。这是在刘禹锡乐观豁达的心底生发出来的花朵。

在扬州筵席上，看到白居易的赠诗后，刘禹锡和诗《酬乐天扬州初逢席上见赠》：

巴山楚水凄凉地，二十三年弃置身。

怀旧空吟闻笛赋，到乡翻似烂柯人。

沉舟侧畔千帆过，病树前头万木春。

今日听君歌一曲，暂凭杯酒长精神。

　　"巴山楚水"一句，从贬谪者的口中平静地说出来，别有一番滋味。刘禹锡承认自己人生最美好的时光永远停留在了并不繁荣发达的"巴楚"之地，但更让他感慨的是物是人非。接着他用了两个典故：魏晋时期向秀听到亡友的邻人吹笛，作《思旧赋》；晋人王质去山中砍柴，观仙人对弈，棋罢发现手中斧柯已烂，回乡里已过百年。在这里，刘禹锡深切怀念人生挚友柳宗元。二人同年考中进士，同时任监察御史，一起参加改革运动，一同被贬荒凉之地。无论得意还是失意，两人书信往来、情意相投，出身、履历和境况都高度一致，是

（明）沈周，《盆菊幽赏图》，辽宁省博物馆藏

真正的精神之交。柳宗元对刘禹锡两肋插刀，生死与共。贬谪期间，两人一度有望返京任职，结果因为刘禹锡的直抒胸臆获累，再贬荒远之地——刘禹锡贬播州（今贵州遵义）刺史，柳宗元贬柳州刺史。柳宗元没有因为被殃及而懊恼，反而考虑到刘禹锡有八十老母，播州乌烟瘴气、条件恶劣，不利于老人家养老，便主动申请与刘禹锡调换岗位。最终在一干朋友的帮助下，刘禹锡改任条件稍好的连州（今广东清远）刺史。元和十四年（819年），刘禹锡因母丧丁忧，离开连州北上，途经衡州，得知柳宗元已于当年在柳州去世，时年47岁，留下幼子托付刘禹锡照顾。刘禹锡不仅抚养柳宗元的儿子柳周六成人，还培养其科举高中，并且编辑了《柳子厚集》，让挚友的作品流传千古。除了柳宗元，曾经夸奖刘禹锡有"宰相之才"的变革集团主将王叔文、与刘柳同为监察御史的文豪朋友韩愈，以及韦执谊、凌准、吕温等长安故友也先后作古，令刘禹锡怀旧空吟，恍如隔世。

刘禹锡之所以在历史长河中脱颖而出，在于他没有困于个人境遇和负面情绪。在扬州宴会楼上，刘禹锡眼见江畔樯桅林立，眺望江中船帆点点，不禁联想到了千帆竞发的景象；看到冬天的扬州街巷草木萧瑟，枯草呆立瓦楞缝隙，又联想起冬天已至、春天还会远吗？刘禹锡脑海中浮现了万木迎春，春风又绿江南岸的美景，写下了第三联："沉舟侧畔千帆过，病树前头万木春。"刘禹锡跳脱出个人冷暖得失，认识到人生无常，犹如四季轮替、新陈代谢，是亘古不变的自然规律。他对世界的前景是抱着积极的善意的——即便光明的前景并不属于自己。每个人都有每个人的人生，每个时代都有每个时代的历史命运，不必自怨自艾，不必同情心泛滥，认真做好自己便可。这才是真正的最纯粹的乐观、最深层的豁达。

刘禹锡的认知，已然超越了白居易对人生的感悟。他很感激白居易的同情和一杯酒，暂凭杯酒长精神，暂歇后继续人生的前路。刘禹锡、白居易两位笔友在扬州一见如故，从此互为余生最重要的朋友。他们两人之前都各有挚友，刘禹锡的挚友是柳宗元,二人并称"刘柳";白居易的挚友是元稹,二人并称"元白"。可惜柳宗元、元稹此前都不幸去世。此后,刘禹锡、白居易并称"刘白"。二人一道从扬州启程,结伴沿运河而行,途经楚州、汴州,回到了中原。

回长安：玄都桃花两度开

刘禹锡返回了长安城，这是他自被贬谪之后第二次来到这座梦开始的城市。

刘禹锡第一次重返长安是元和十年（815年）。之前，刘禹锡任朗州司马已满10年，于情于理都该迁转了。和刘禹锡情况相同的还有柳宗元等难友。于是，朝廷征召刘禹锡等人回京，拟安排在郎署。刘禹锡等人在当年正月接到诏书，二月抵达京城——可见他们多么急迫地等待这个调令。

迎接刘禹锡的是长安的春天——长安城百花争艳、游人如织的季节。都城内赏春游玩之处，除了曲江等公私园林外，集中在星罗棋布的寺观之内。长安的寺庙、道观常常专植某种名贵花卉，如玄都观的桃花、唐昌观的玉蕊花、洞灵观的冬青、金仙观的竹，都闻名一时，即便跨越千年依然为后人所知。踏春赏花之余，寺观还聚集了娱乐、集市、交际等社会功能，如《南部新书》载"长安戏场多集于慈恩，小者在青龙，其次荐福、永寿"，俨然成为一个个公共空间。这些地点中，玄都观又是一大热门去处。刘禹锡也不能免俗，融入了赏春游玩的长安士民队伍。遥想当年，长安春风拂面，道观桃花艳丽，刘禹锡等应召入京的贬官们的心情应该也如同这春光一般明媚。

可是，刘禹锡内心有着一股别样的情绪，于三月创作了《元和十年自朗州至京戏赠看花诸君子》：

紫陌红尘拂面来，无人不道看花回。

玄都观里桃千树，尽是刘郎去后栽。

玄都观花团锦簇，人面桃花相映红。同为赏花人，刘禹锡却见不惯其中安逸庸常的脸庞，尤其是那些或耀武扬威，或端着架子又装出来的平易近人。自己当年虽然也是长安城的新贵，但如今是罢职等待权贵们安置的候选者，本没有资格对上位者发表什么看法，可他看到那些依附宦官或在牛李党争中依靠站队拾级而上的后来者，还是如鲠在喉，不吐不快。繁花千树"尽是刘郎去后栽"，表面上是在写新栽的桃树，实际上是用千树桃花隐喻十年来钻营投机的新贵，用熙熙攘攘的赏花者比喻趋炎附势之徒，他们都如同在紫陌红尘中追逐权贵的人。当时的朝廷正处于后世羡称的"元和中兴"的乐观氛围中，宪宗皇帝也有心励精图治，可淮西前线的战事拖延不绝，同时政坛暗潮汹涌：宦官干政愈演愈烈、牛李党争业已抬头。掌权的诸位少有攻坚克难者，多的是骏马华服追逐春光之辈。最后，刘禹锡不屑地说"这些新贵不过是我被贬后提拔起来的罢了"。全诗满蘸辛辣的轻蔑与讽刺，《旧唐书》说该诗"语涉讥刺"，《新唐书》说"语讥忿"。

刘禹锡心有所忧、目有所及，即便知道暗讽手握官员进退大权的权贵并不明智，依然提笔创作了这首"赠诸君子"的揶揄诗。他没想到的是，《元和十年自朗州至京戏赠看花诸君子》在长安脍炙人口，反给自己和同伴带来了无妄之灾。

孟棨《本事诗》载："其诗一出，传于都下。有素嫉其名者，白于执政，又诬其有怨愤。他日见时宰，与坐，慰问甚厚。既辞，即曰：'近者新诗，未免为累，奈何？'不数日，出为连州刺史。"宰相在和刘禹锡谈话的时候，"慰问甚厚"，就是没有谈及职位安排。这种谈话越客气，情感越生分，最后的安排也越差。果然，三月十四日，刘禹锡被贬更偏远恶劣的贵州，任播州刺史，并连累了当年的"八司马"小伙伴们：虔州司马韩泰为漳州刺史、永州司马柳宗元为

（明）仇氏杜陵内史，《画唐人诗意》，台北"故宫博物院"藏

柳州刺史、饶州司马韩晔为汀州刺史、台州司马陈谏为封州刺史。后来在裴度、柳宗元等人的协调下，刘禹锡改任连州刺史。这一去，连州、夔州、和州……

又是十余年。

有研究认为，刘禹锡一干人等再遭贬谪是既定之策，从被召回就已经决定了再次被贬的命运，只不过刘禹锡等人没有发觉罢了。当年永贞革新的处分官员，流落荒地届满十年，久不迁转也不是办法。将尚在人世的贬官全部召回，能够产生一种轰动效应，极易引起朝野的广泛关注，表示皇帝不计前嫌、不曾忘记他们，表现宪宗皇帝的爱臣用才之心，同时营造一种君臣上下勤劳王事、共图中兴伟业的氛围。同时，这对于同情刘禹锡、一直奏请起用的朝臣们，也是一个交代②。可是很遗憾，刘禹锡桀骜不驯，嘲讽同僚，"群众认可度差"，不适宜放到重要岗位上培养，只好外放地方任职了。《元和十年自朗州至京戏赠看花诸君子》给皇帝提供了子弹，而刘禹锡等人充当了唐宪宗施行帝王之术的棋子。

14年后第二次重返长安，刘禹锡又遇上了长安的春天。大和二年（828年）三月，刘禹锡又一次踏进了玄都观的大门。

此时，占地百亩的玄都观已经衰败了，人迹稀少。极目望去，观中没有一株桃树，一半是青苔，另一半只有菟丝子、野葵花、燕麦随着春风摇曳。刘禹锡回想与玄都观的渊源，永贞革新期间他曾忙里偷闲逛过这座道观，当时还没有花木，名声也不大；元和年间或许是玄都观的鼎盛时期，桃花如霞、游人如织，人面桃花相映红，他写下了那首闯祸的揶揄诗；如今三游玄都观，给人沧海桑田之感，桃花荡然无存，道士不知所踪。在这二十多年里，唐顺宗、宪宗、穆宗、敬宗、文宗在位执政又相继驾崩或遇害，掌权的大臣也换了好几茬，各领风骚三五年。春花易逝，富贵如流水，国势一日不如一日，而刘禹锡和玄都观依旧相逢。诗人写下了《再游玄都观》，并作诗序介绍背景：

予贞元二十一年为尚书屯田员外郎，时此观中未有花木。是岁出牧连州，寻贬朗州司马。居十年，召还京师，人人皆言有道士手植红桃满观，如烁晨霞，遂有诗以志一时之事。旋又出牧，于今十有四年，得为主客郎中。重游兹观，荡然无复一树，唯兔葵、燕麦动摇于春风，因再题二十八字，以俟后游。

　　百亩庭中半是苔，桃花净尽菜花开。

　　种桃道士归何处？前度刘郎今又来！

　　刘禹锡写诗的时机又是一个敏感时刻。自从和州刺史任上应召回京后，他的新职位尚在酝酿之中。对刘禹锡抱有好感的宰相裴度，有意援引他知制诰。知制诰者负责草诏，兼具伴君顾问之便，是中唐之后文官入相的跳板。多数知制诰的人，之后都顺利拜相。刘禹锡应该知道裴度正在帮忙运作该项任命，或者后者干脆暗示过此意。当此之时，一个成熟的官僚必须谨言慎行，甚至闭门谢客。刘禹锡显然又犯了"政治上的幼稚病"。这种幼稚不是头脑简单或者耿直，而是明知对自己不利，依然不吐不快的初心和坚持—— 一如14年前刘禹锡的桃花诗。本诗的讽刺更直接、更辛辣，尤其是诗序中写玄都观"荡然无复一树，唯有兔葵、燕麦动摇于春风"，将所有的上位者都讽刺为兔葵、燕麦，毫不留情，又无可辩驳。诚如"病树前头万木春"的自然规律，追逐权贵者权力松动则"树倒猢狲散"，趋炎附势者潮流转移则上一个热点荡然无人，多么滑稽又多么真实。

　　可是，外面有多少人盯着知制诰的位置？刘禹锡绝对不是唯一人选，在很多人看来他也并非最佳人选。裴度也不是唯一的宰相，更不是主导政权的宰相。《旧唐书》载："执政又闻诗序，滋不悦。"刘禹锡的诗又得罪了掌权者，他知制诰的任命也就无疾而终。刘禹锡返京，职位就停留在了郎中（从五品上）。这是地方刺史回任京官的惯常安排。不久，裴度罢知政事，刘禹锡在朝堂上的处境愈加不利，不得不主动请求分司东都。唐代以洛阳为东都，仿照长安中央职官系统设置了一套分司官。唐后期，随着朝廷不再移驻洛阳办公，东都分司官

（唐）李思训，《江帆楼阁图》，台北"故宫博物院"藏

便成为安置闲散官员的虚职。刘禹锡"终以恃才褊心，不得久处朝列"。即便刘禹锡是分司官，也有人不愿意他久居东都，转瞬间又被外放苏州刺史。刘禹锡秩满入朝（途中与牛僧孺扬州相会），授汝州刺史、太子宾客分司东都、同州刺史。会昌元年（841年），刘禹锡再次秩满，再授检校礼部尚书、太子宾客分司东都。即《再游玄都观》事件后，刘禹锡再未任职长安。

新旧唐书对永贞革新诸人的评价都不好，对刘禹锡的评价也是负面的。在陈述刘禹锡创作成就的同时，《旧唐书》直言"人嘉其才而薄其行"，《新唐书》则说他的作品"吐辞多讽托幽远"，表明他心胸狭窄。事实上，刘禹锡恰恰是心胸豁达，乐观通透。他只是"不合群"，身在仕途却不愿见机应变，年过半百还直抒胸臆。刘禹锡的岳父薛謇同宦官头目薛盈珍关系亲密，他却不愿意向宦官势力示好。宦官干政是唐朝后期的顽疾之一，可打通宦官关节也是无数官员谋求仕进的捷径。刘禹锡写道："骠骑非无势，少卿终不去。世道剧颓波，我心如砥柱。"（《咏史》）汉武帝时代，骠骑将军霍去病如日中天之际，任安（少卿）却不去向霍去病示好，刘禹锡借此典故声明自己不投靠宦官集团，因为他胸中自有中流砥柱。那就是人世间自有是非黑白、凡事自有善恶对错；那就是士大夫要匡济天下、革故鼎新，不能蝇营狗苟、随波逐流。士大夫的价值不在权势富贵，而是在明德持道、除恶扬美。刘禹锡不是口头说说，而是真心信仰，终身实践。

至于个人祸福安危，是次要的。恪守正道，其他都交给自然规律吧。这种信念是刘禹锡豁达乐观的来源之一，也可以解释他的许多言行。

社交面具：洛阳酒会早朝客

开成元年（836 年）秋，刘禹锡以太子宾客分司东都。此后除了短暂出任同州刺史，刘禹锡都居住在洛阳，直到会昌二年（842 年）七月逝世，享年七十一，追赠户部尚书。

东都洛阳给了与坎坷命运搏斗了一辈子的刘禹锡最后的栖息地。刘禹锡在洛阳度过了"弦管常调客常满，但逢花处即开樽"（《酬乐天请裴令公开春嘉宴》）的晚年，这或许是他一生中最安逸的时光。帝国漕运枢纽的优越位置以及与权力中心长安的微妙距离，使得彼时的洛阳吸引了一群或隐退、或失意、或逗留的文人士大夫。他们交际应酬、饮酒作文，孕育了"洛阳文酒之会"。以太子少傅分司东都的白居易是诗酒唱和的灵魂人物，刘禹锡则是与之齐名的核心。历任东都留守裴度、牛僧孺等或亲身参与，或持支持态度，《旧唐书·裴度传》记云："度视事之隙，与诗人白居易、刘禹锡酣宴终日，高歌放言，以诗酒琴乐为乐，当时名士，皆从之游。"陆续入群的有崔玄亮、李德裕、令狐楚、李绅、王起等兼涉政坛与诗坛的名宿，诞生了文学史意义上的"刘白诗人群"。

然而，刘禹锡绝不是埋首酒局、沉迷诗文的退休老人。他的一生似乎都与真正的"安逸"无缘，始终留意政治、心系天下。刘禹锡人生的悲剧开始于永贞革新，肇源于浓郁的政治报复和脱节的政治举措。辗转州县期间，刘禹锡马不扬鞭自奋蹄，不仅埋首地方事务，真正履行司马、刺史的职责——而没有自我定位为流放边陲的贬官，还通过谢表、建议、诗歌等继续不断发表政治主张。

他在连州、和州等地都留下了上佳官声，至今受到地方的怀念。即便在晚年出任苏州刺史，刘禹锡依然兢兢业业施政，"以政最，赐金紫服"（《新唐书》）。可以说，刘禹锡的底色是政治的，是入世的。

分司东都后，刘禹锡作《为郎分司寄上都同舍》寄给长安的昔日同僚：

> 籍通金马门，家在铜驼陌。
> 省闼昼无尘，宫树朝凝碧。
> 荒街浅深辙，古渡潺湲石。
> 唯有嵩丘云，堪夸早朝客。

刘禹锡人在洛阳、身处闲职，心在长安的三省官阙，自诩为心系国家的"早朝客"。刘禹锡朝参的机会非常短暂，但他的精神却始终在长安的朝堂之上。一位醉心政治几十年的才俊之士，不是被流放荒地就是被投掷闲散，是何等苦闷之事。客观而论，分司东都是刘禹锡政治失败的表现，而非他自愿"退居二线"。可分司东都对于"政治上不成熟"的刘禹锡而言，又未尝不是好事。不得任官长安，反而使刘禹锡避开了"甘露之变"的腥风血雨和牛李党争的党同伐异，没有遭受更大的政治迫害。

与"人嘉其才而薄其行"、认为刘禹锡"恃才褊心"的舆论不同，白居易懂刘禹锡，赠他一个"诗豪"的雅号："彭城刘梦得，诗豪者也。其锋森然，少敢当者""其诗在处，应有神物护持"。诗豪的锋芒，应该植根于刘禹锡的乐观豁达和政治热忱。

刘禹锡已不似当年铁骨铮铮，宁折不弯。但这并不是一种脱胎换骨式的蜕变，也不是一种改弦易辙式的嬗替，从本质上看，他依然忠于既定的政治理想，对当年的所作所为没有丝毫追悔之意，只不过在表现形式上，因为越来越清醒地意识到理想的实现已经渺茫无期，他才三缄其口，保持沉默……刘禹锡此时锋芒虽匿，而气骨犹在。与同样年届老暮的白居易相比，他依然不失雄豪之风，表现出远较常人达观的生命意识。这也是白居易以"诗豪"许之的原因。③

洛阳文酒之会上的刘禹锡，难免戴上社交的面具，有所掩饰或遮蔽。可一旦有合适的机会或出口，纯直的政治主张和无法抑制的孤独寂寞之感便会显现在刘禹锡的诗文之中。他始终保有一颗赤子之心。

（北宋）赵佶，《唐人文会图》（局部），台北"故宫博物院"藏

　　炙热的政治进取与安逸的文酒唱和，共存于晚年的刘禹锡。他在洛阳实现了现实与理念的共洽，与现实的自己和解，坦然迎接人生迟暮。

　　柳宗元是刘禹锡前半生的政治伙伴。他们同样悲天悯人、嫉恶如仇，同样立志变革、一往无前，也一道流落江湖。二人的性格却大不相同，柳宗元更加孤傲执着，作品充满孤寂苍凉之感。白居易是刘禹锡后半生的挚友，二人的性格更为接近。白居易心胸宽广、直爽豪迈，与刘禹锡相似。不同的是，白居易为人温和，处世周到，不像刘禹锡那般刚直峻切，晚年更是皈依佛陀门下，念经礼佛。他以饮酒、种花、植树、礼佛诸事来打发时光，以对抗现实的苦难。

　　暮年的刘白二人，都老病缠身。白居易生迟暮之叹，给刘禹锡赠诗《咏老赠梦得》：

与君俱老也，自问老何如。

眼涩夜先卧，头慵朝未梳。

有时扶杖出，尽日闭门居。

懒照新磨镜，休看小字书。

情于故人重，迹共少年疏。

唯是闲谈兴，相逢尚有余。

　　白居易因为眼疾影响阅读，晚上早早入眠，早晨又慵于梳洗，搞得蓬首垢面的，无奈选择闭门独居，不再愿意外出交际。赠诗中弥漫着浓厚的"老人气"。白居易名为"咏老"，实为"叹老"。刘禹锡则和《酬乐天咏老见示》一诗应答：

人谁不顾老，老去有谁怜。

身瘦带频减，发稀冠自偏。

059

废书缘惜眼，多灸为随年。

经事还谙事，阅人如阅川。

细思皆幸矣，下此便翛然。

莫道桑榆晚，为霞尚满天。

　　刘禹锡晚年视力同样不好，同样不利于行，但没有白居易那般悲观。如同与白居易扬州初逢席上的情景，刘禹锡不讳言老病令人心力交瘁，坦然接受了这一自然规律。他宽慰白居易：年龄带来老病的同时，也带来了对世事的洞察、对人情的练达。时光带领他们经历了人世间的悲欢离合，看透了名利场的荣辱沉浮，带来了晚年的通透和坦然。最后，刘禹锡借绚丽的晚霞为喻，宽慰白居易："谁说桑榆晚景无足称道，那灿烂的霞光能渲染整个天空。"有此见识，刘禹锡比白居易要通达和乐观得多。

　　在一个风雪肆虐的冬日，洛阳文酒之会欢迎过境的检校礼部尚书、汴州刺史、宣武军节度使李绅。刘禹锡做《和乐天洛下雪中宴集寄汴州李尚书》：

洛城无事足杯盘，风雪相和岁欲阑。

树上因依见寒鸟，坐中收拾尽闲官。

笙歌要请频何爽，笑语忘机拙更欢。

遥想兔园今日会，琼林满眼映旗竿。

　　刘禹锡并非单纯书写宴会，也在描绘暮年心境。对于这场冬雪中的官方应酬，刘禹锡没有写寒冷、没有写觥筹交错，而是看到了"风雪相和"。树上有"寒鸟"、坐中尽"闲官"，刘禹锡没有流年飞逝、老暮孤寂之感；现场喜气洋洋、宾主笑语荡漾，刘禹锡坦然接受笙歌笑语，也接受了热火朝天的筵席与寒风凛冽的室外的极大反差……

　　王叔文肯定刘禹锡有宰相之才，刘禹锡毕生名位不达；后人羡慕刘禹锡的乐观与豁达，刘禹锡毕生饱尝生活辛酸苦辣，屡屡被贬，起起落落。人生是自己的，不是为了朝廷，更不是为了他人的观感。刘禹锡高唱过"我本山东人，平生多感慨""少年负志气，信道不从时"。奋斗终生，他始终是那个恪守初心、雄心壮志的少年，始终坦然面对悲欢祸福。乐观豁达是他一生的底色，也是他对抗残酷人生的武器。

注释

① 梁颂成、艾瑛：《刘禹锡与"竹枝词"的诞生》,《湖南科技大学学报（社会科学版）》2012 年第 6 期。
② 潘伟利：《从召回角度看刘禹锡为何再贬连州》,《商丘职业技术学院学报》2015年第 1 期。
③ 肖瑞峰：《刘禹锡与洛阳"文酒之会"》,《社会科学战线》2015 年第 7 期。

第四章

唐人的财富观与家产分配

李孝恭

🌸 卖第为子孙谋

　　唐初，开国名将、河间王李孝恭晚年尝怅然谓所亲曰："吾所居宅微为宏壮，非吾心也，当卖之，别营一所，粗令充事而已。身殁之后，诸子若才，守此足矣；如其不才，冀免他人所利也。"（《旧唐书·李孝恭传》）

　　李孝恭对身后家产的安排，是深思熟虑的决定。作为"性奢豪，重游宴，歌姬舞女百有余人"的顶级权贵，李孝恭并非甘于清贫的恬淡之人，但在给子孙分配家产的问题上秉承适度原则。子孙如果争气，在父辈遗留的基础保障上足以另辟天地；子孙如果无能，父辈留下的满堂金玉反而是害人的毒药。因此，李孝恭才有"卖第为子孙谋"的举措。

　　无独有偶，类似的决策不是孤例，在《旧唐书》初唐人物传记中多有记载。永徽元年（650年），开国元勋刘弘基遗令给诸子奴婢各15人、良田5顷，告诉亲友："（诸子）若贤，固不藉多财；不贤，守此可以免饥冻。"（《旧唐书·刘弘基传》）其余财产，刘弘基都施散给他人了。另一位初唐重臣李袭誉，晚年告诫子孙："吾近京城有赐田十顷，耕之可以充食；河内有赐桑千树，蚕之可以充衣；江东所写之书，读之可以求官。吾没之后，尔曹但能勤此三事，亦何羡于人！"（《旧唐书·李袭誉传》）李袭誉对家产的态度更为洒脱，"凡获俸禄，必散之宗亲，其余资多写书而已"。他曾在烟花富庶之地扬州任职多年，不蓄资财，罢职时满载经史而归。

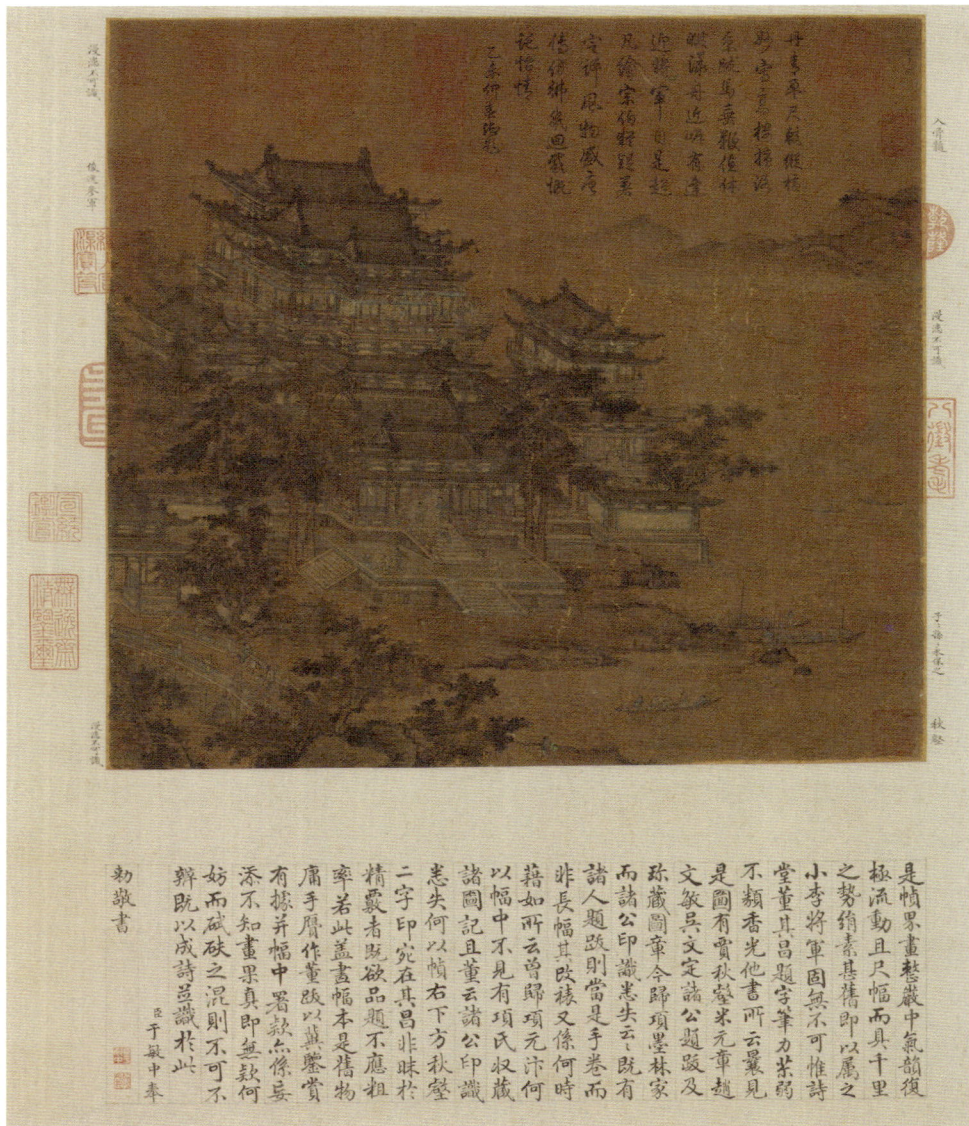

（唐）李昭道，《洛阳楼图》，台北"故宫博物院"藏

中唐以后，权贵巨额家产不传子孙、只留基本保障的案例骤然减少。笔者所见仅唐玄宗时期宰相张嘉贞，"虽久历清要，然不立田园"。亲友劝他广植田产为子孙考虑，张嘉贞回答："吾忝历官荣，曾任国相，未死之际，岂忧饥馁？若负谴责，虽富田庄，亦无用也。比见朝士广占良田，及身没后，皆为无赖子弟作酒色之资，甚无谓也。"（《旧唐书·张嘉贞传》）到了晚唐，除了唐德宗宰相柳浑"性节俭，不治产业，官至丞相，假宅而居"（《旧唐书·柳浑传》）等少数例子与家产处置间接相关外，没有一例如李孝恭等人。两宋以后的权贵似乎完全没有唐初前辈那般洒脱——在晚年散掉巨额资产，只给子孙留基本保障。相反，上层人群贪图富贵的例子倒是不少。这似乎表明中国古代上层群体对家产处置存在一个前俭后奢、由洒脱到拘泥的变化趋势。

唐人为什么会如此处置家产，古人的财富观为什么会发生变化？上述变化又折射出何种更宏观层次的变化规律？这是本章试图探究的问题。

古人言语和史籍行文，惯常以偏向极端的案例自证观点。就家产继承问题而言，子孙"才"与"不才"的情况都属极端。十之八九的人都介于"才"与"不才"之间，资质平常，人生际遇亦属寻常。此时，父辈丰厚的家产遗赠能够极大地提升他们的人生质量。这个道理，李孝恭、刘弘基等人自然了然于胸。他们晚年变卖豪宅、散施家财，隐含着一层自信：子孙即使没有巨额遗产，人生也不会差。因为财富在唐初社会的作用，并没有如今人们想象得那般重要。

唐代尚未走出士族社会的遗风，门荫入仕还是官场准入的主流。唐朝肇建的核心力量便是关陇贵族。李孝恭、刘弘基等人出身关陇贵族集团，在隋亡唐兴期间又跃升为顶级权贵。他们的子孙自然可以凭门荫确保相当级别的官职和社会地位。李孝恭薨后，"子崇义嗣，降爵为谯国公，历蒲、同二州刺史，益州大都督长史……后卒于宗正卿。""次子晦，乾封中，累除营州都督……则天临朝，迁户部尚书。垂拱初，拜右金吾卫大将军，转秋官尚书。永昌元年卒，赠幽州都督。"（《旧唐书·李孝恭传》）荣华富贵也在刘弘基子孙中流传，"子仁实袭（夔国公），官至左典戎卫郎将。从子仁景，神龙初，官至司农卿。"（《旧唐书·刘弘基传》）张嘉贞的儿子张延赏也以门荫入仕，后为德宗朝宰相，父子两代出将入相。前述卖第为子孙谋的权贵的子孙非但没有陷入饥寒，还都长保富贵。

　　当时两大士族集团，山东士族"尚婚娅"，关陇贵族"尚贵戚"。维持士族身份的核心因素分别是婚姻和现世官职。关陇贵族的例子，已见前述。山东士族豪门望族社会地位的传承，则是通过"累世经学—累世公卿—门当户对—形成门第—豪门望族"的链条来实现的①。在身份传承之中，子弟的品行素养或许是最重要的竞争力，后世的努力奋斗才是最现实的晋级阶梯。李孝恭等人对财富的洒脱，或许是为了让子弟不拘泥、沉溺于巨额财富，以此告诫后代要注重自身的才学和奋斗。财富不是塑造士族身份的重要因素——当财富足够保障家族具备从事文化学术活动的物质基础时，它便不再是影响家族命运的重要因素。而李孝恭等人显然会给子孙后代预留这样的物质基础。

❀ 父辈怎么越来越抠门

　　为什么随着岁月流逝，士族们对家产的态度不再像唐初那样洒脱了呢？因为科举制度严重冲击了士族阶层门荫入仕，科举入仕逐渐成为官场准入的主流。科举官员代替士族子弟，日渐掌握核心权力。官场准入状况的变化，带动了权力分配规则的改变，以及上层家族传承重心的转变。唐朝前期，吏部官僚的门阀性格很强。武周以后，许多科举出身的人进出于"贵族最后的堡垒"之一——吏部，吏部的门阀性格也逐渐改变。发展到德宗时期，随着高级官员选任以才学为主要标准的原则确立、中下层官僚子弟中苦读力学之士的涌现，以及进士科考试内容和录取标准调整到能够保证录取真才实学的"艺实之士"，进士科才得以稳定地成为高级官员的出身正途和主要来源②。科举入仕的难度可是远甚于门荫入仕，其中难的一点便是经济成本大增。应举者必须接受漫长的系统教育，为了中举还要有必备的游历、行卷、温卷，为了求职还要忍受漫长的守选，其间十几甚至几十年内没有收入，只有持续支出，没有雄厚的家产底子是无法保障正常的应试活动的。韩愈、白居易等人应试、求职的经历，可为明证。在此背景下，只要有志于仕途的家族，对家产的重视程度都会加强。即便是士族子弟，也纷纷从门荫转到科举轨道之上，转换失败者多有沦落至贫寒境地的。玄宗朝宰相姚崇"比见诸达官身亡以后，子孙既失覆荫，多至贫寒。斗尺之间，参商是竞。岂唯自玷，乃更辱先"。（姚崇《遗令诫子孙文》）李孝恭等人担忧的子弟沦落的噩运，终于出现了，不过不是因为巨额家产遭人觊觎侵夺造成的，而是规则改变、社会变迁导致的。

不过，中唐属于士族时代没落、科举时代尚未真正确立的过渡时期，不同规则带来的不同行为方式并行共存。例如，张嘉贞弱冠应五经举，属于通过科举谋得高位的非士族子弟，但依然"不立田园"，不为子弟谋家产。他或许是沾染了士族风气，想营造门风传家，抑或单纯是对子弟极为自信，认为子孙可以自食其力、枝繁叶茂。然而，张嘉贞的例子在中唐毕竟是少数，晚唐以后更是寥若晨星。总体趋势是财富在社会竞争中的分量日益吃重，古人对财富传承日渐看重。

财富的崛起是中唐之后发生的一系列历史性变革的一个面向，是学界称为"唐宋变革"这一宏大命题的重要组成部分。财富最终超越血缘、身份等，成为竞逐权力、地位的核心要素。中国人随之越来越重视财富的传承。中唐以后，中国社会渐渐形成了一个有别于汉唐社会的"富民社会"，到南宋时期，财富成为社会关系的主导力量。元明清的社会结构和生态，与之一脉相承③。财富的大门指向权力的朝堂，社会竞争完全聚焦在基于财富的科举考试之上。有人干脆将7世纪至20世纪初的中国称为"科举社会"，认为科举社会的实质是富民社会。科举是富民社会的一种选官制度，也是富民社会下社会流动的产物和标志。科举制下以富民为主体的社会流动具有整体的社会意义，也是考察科举制与社会流动问题的关键④。简而言之，财富的重要性迫使后人不再像初唐人士那般洒脱。前述刘弘基"少落拓，交通轻侠，不事家产……大业末，尝从炀帝征辽东，家贫不能自致"（《旧唐书·刘弘基传》），经历过穷苦的青少年时期，封王拜将后依然散尽千金，不予后人。如果刘弘基生活在明清，性格不变，大概率会在暮年分配好家产，然后告诫子孙力学上进、谨守家业。这便是时代变迁落在个体身上导致的行为差异。

相较于时代的洪流，微观的官员俸禄制度的演变也迫使后来人不得不倚重家产。古代官员俸禄标准总体趋薄，而唐宋两朝是官员俸禄的高峰期。"唐制，内外官奉钱之外，有禄米、职田，又给防阁、庶仆、亲事、帐内、执衣、白直、门夫，各以官品差定其数……本司又有公廨田、食本钱，以给公用。"（《宋史·职官志八》）唐朝官员俸禄既有禄米、俸钱，还授职分田和永业田，且标准都很高，此外还有官府付薪的服务人员（防阁、庶仆、亲事、帐内、执衣、白直、门夫）等供日常驱使。一旦入仕为官，便可衣食无忧。这对明清官员而言，完全是一幅美好景象。明清以低薪著称，多数时间只发官员月俸。知县月俸只抵得上一席上等佳肴之费。更可怕的是，明清衙署没有公共行政开支，且官吏编制稀少，官员需要自己承担行政成本，自掏腰包雇用额外人员（幕僚、长随、门上等）辅助行政。而在唐朝，官府有公廨本钱（公廨田、食本钱等）用来经营，收益可弥补行政开支缺口，甚至可用以提升官员生活。明清法定待遇已经不足以保证官员正常的生活水平。延至清朝后期，随着议罪银、赔补分摊等制度的施行，官员时刻行走在破产清算的边缘。如果没有殷实的家底，两宋以后的官员将在宦海中步履维艰，生活窘迫——明代的海瑞、清代任京官时的曾国藩都是明证。正常人家不是担心无财力支撑子孙科举应试，就是唯恐子孙仕途清寒，哪还会散尽家产？

初唐处于唐宋变革的前夜，承士族社会余绪的散尽家产行为屡载史册；后人深受之后社会模式的千年熏陶，难免对这种"败家行为"颇为费解。其中的张力为我们窥探中国社会变迁提供了一扇小窗。

注释

① 仇鹿鸣：《制作郡望：中古南阳张氏的形成》，《历史研究》2016 年第 3 期。
② 吴宗国：《唐代科举制度研究》，北京：北京大学出版社，2010 年。
③ 林文勋：《中国古代"富民社会"研究的由来与旨归》，《湖北大学学报（哲学

社会科学版）》2020 年第 1 期；林文勋，张锦鹏：《"市民社会"抑或"富民社会"——明清"市民社会"说再探讨》，《云南社会科学》2019 年第 1 期。

④ 董雁伟：《社会流动论争与"富民社会"视阈下的科举制》，《思想战线》2020 年第 3 期。

第五章

你想活出怎样的人生

李千里

✿ 一个另类的王孙公子

人生在世，犹如一叶扁舟漂泊于汪洋大海之上，时代的洪流限定了人生的航程。多数人随波逐流，度过平凡的一生；有的人中流击楫，或逆水或横渡，结局依然未能偏离江河滚滚的大方向；有些人把握主流，挺立潮头，成为浪花翻腾中那一滴滴耀眼的水珠。个人和时代的互动，在皇室成员身上体现得最为鲜明。他们掌握着可能影响历史大势的权力，同时经受时代风云首当其冲的、远比常人严峻的考验。他们的应对之策，不仅是一幕幕人生抉择，更是时代光谱在个体命运上的投射。

武则天政变前后，李唐皇室中出现了一位"另类"成员，在武则天屠戮李唐宗室，尤其是近支宗室的血腥环境中，他非但得以幸存，还以献媚讨巧的姿态获得女皇的信任，在武周王朝担任实职，这个人就是成王李千里。唐中宗复辟成功后，大力扶持宗亲以壮大皇室力量，李千里平步青云、实权在握，前景一片光明，却毅然政变、杀向皇宫，落得个父子遇难、祸及满门的结局。李千里的人生选择，似乎逆历史潮流而动，每一步都没踩在正确的点上，深究起来，其实他的每一步都是在时代裹挟和自身认知绞缠之下的现实举措。

李千里，本名李仁，是唐太宗的第三子吴王李恪的长子。李恪文武全才，深得唐太宗的喜欢，"太宗常称其类己"。这样的出身，别说是终生锦衣玉食，便是顶级荣华富贵也唾手可得。然而，高处不胜寒，比人生的高光时刻先到来的是高层倾轧和家破人亡。吴王李恪不幸成为太宗朝晚期夺嗣之争的牺牲品，

《旧唐书·吴王恪传》说他"既名望素高，甚为物情所向"。掌权的长孙无忌站队日后的高宗李治，为消除李治的潜在威胁，借房遗爱谋反案株连李恪。关于此事，《新唐书·郁林王恪传》有较为详细的记载：

> 帝初以晋王为太子，又欲立恪，长孙无忌固争，帝曰："公岂以非己甥邪？且儿英果类我，若保护舅氏，未可知。"无忌曰："晋王仁厚，守文之良主，且举棋不定则败，况储位乎？"帝乃止。故无忌常恶之。永徽中，房遗爱谋反，因遂诛恪，以绝天下望。临刑呼曰："社稷有灵，无忌且族灭！"

李恪无辜遇害，海内冤之。他的冤案，殃及 4 个年幼的儿子。相较于一般的谋反家属，李千里与弟弟李玮、李琨、李璄得到了"从宽发落"，于永徽四年（653 年）流放乌烟瘴气的岭南绝远之地。李千里时年 8 岁。这段日子在李千里的墓志①中表述为"年在总角，职委荒隅；亟环星纪，载康夷落"。这绝不是一段愉快的成长经历，李千里不仅要承受从皇孙到流犯的巨大落差，更严重的是丧失了接受良好教育的机会、丧失了纵横政坛的机会。选择的机会，是命运对人生最大的恩赐。李千里尚未成长，便被剥夺了选择的机会，平庸地老死岭南似乎是他最安逸的结局了。

历经波折的绝地反击

李千里人生的奇谲可观之处，首先在于他的绝地反击：从大唐王朝的荒远边陲重返权力场的核心。

李千里的这项成就，创造于武则天篡夺大唐天下的敏感时期。当时，长安城缇骑四出，流落各地的李唐子嗣遭到血腥清洗。"武后所诛唐诸王、妃、主、驸马等皆无人葬埋，子孙或流窜岭表，或拘囚历年，或逃匿民间，为人佣保。"李千里以罪人之子，独善其身，还能逆天改命，尤其令人诧异。细究其父李恪冤案，幕后黑手是长孙无忌。长孙无忌是武则天的敌人。武则天扳倒长孙无忌集团后，开始平反长孙氏制造的冤案。显庆五年（660年），李恪被追封郁林王。不过，李千里的命运并没有立即逆转。武则天挑选了河间王李孝恭的孙子李荣为郁林县侯，承嗣李恪一脉。李恪的几个儿子依然困守在南方的苦涩海风、毒泷恶雾之中。

又经过漫长的24年，时间来到了光宅元年（684年）。这一年，李千里39岁，流放岭南也有31载。也就在这一年，郁林县侯李荣犯罪。李千里命运的齿轮开始快速转动起来，先是遇赦可以返回中原，又袭封郁林县男、郁林郡公，并出任岳州别驾。永昌元年（689年），李千里升任襄州刺史，奉使江左，拒绝了地方贿赂的金银。武则天得知后，夸奖："儿，吾家千里驹。"考虑到当时大唐的旗帜还在高高飘扬，天下尚且姓李，而武则天不可能将仅有好感未曾深处的晚辈遽然认作武家子弟，此处的"吾家"当是指李氏。武则天称赞李仁是李唐皇族的佼佼者，前途光明。李千里以武则天的夸奖为耀，改名千里。在这一时期，李千里的人生发生了根本性的转变。武则天启用李千里的原因，在他的墓志中被表述为本人的德才兼备："礼蟠于地，声闻于天，中朝嘉焉，征为岳州别驾。伯舆应海岱之召，子春受荆河之辟。"此处用的是曹魏王基和东汉陆闳的典故，二人都聪明有德，受征辟后成就了一番功业。墓志以此二人类比李千里，那么后者真的是会发光的金子？朝廷终究还是发现了他的闪光内涵吗？

可惜，这是墓志作者一厢情愿的言辞，传世文献中的李千里是另一种极端的形象。《旧唐书》说他"时皇室诸王有德望者，必见诛戮，惟千里褊躁无才，复数进献符瑞事，故则天朝竟免祸"，《新唐书》同样认为"自天授后，宗室贤者多株翦，唯千里诡躁不情，数进符瑞诸异物，得免"。传世文献中的李千里形象是粗鄙、狭隘、急躁的，与贤德毫无关联。他的逆天改命，主要取决于两点：一是吴王房支没有与武则天爆发过直接冲突，且和武则天一道遭受过长孙无忌的迫害；二是李千里以李唐子嗣的身份，献上武周政变合法性的证明，向武则天献媚、表效忠。或许是一个年逾不惑的中年人，在南海之滨饱受风雨的捶打、社会的磨砺，迫切要改变自身和家庭的状况时，真切体悟到了机会的可贵。武则天不经意间抛来的橄榄枝，对李千里的诱惑实在太大了，大到足以使他放弃对祖宗江山社稷的执念，对朝野舆论漠然、对百年身后名无视。而在武则天看来，这样一个长期脱离政坛、没有政治根基，言行粗鄙，既没有才学又不为舆论所喜的李唐宗室成员，是没有威胁的。相反，这样的人还能发挥政治吉祥物的作用。在多种特定条件的综合作用下，李千里蜕变为武则天的爪牙之一，化身为武周王朝的一名地方官僚。天授后，李千里历任唐、庐、许、卫、蒲五州刺史；长安三年（703 年），充岭南安抚讨击使，历迁右金吾将军。在岭南，李千里依然不忘向武则天献媚，将两位卷入谋反案的当地幼童阉割后送入宫中，一名金刚、一名力士。那个名叫力士的阉童后来拜入宦官高某名下，得名"高力士"，在盛唐的政局中发挥了不可小觑的作用。

神龙政变后，中宗反正，李唐复辟。李千里的人生迈上一个大台阶，在唐中宗登基后迅速由郁林郡公晋封成纪郡王，没多久又进为成王，拜左金吾大将军，兼领益州大都督。神龙三年（707年），李千里又领广州大都督、五府经略安抚大使。用"位高爵显""封疆一方""大权在握"来形容，一点都不为过。那么，李唐复辟之后，效忠武则天的李千里为什么非但没有受惩处，反而扶摇直上了呢？

对于命运的再一次眷顾，来自李千里一方的墓志宣扬这是主人公身在曹营心在汉、心怀李唐，并且预谋神龙政变的结果。"高宗晏驾，太后循机，天子居房陵之宫，奸臣纵昆山之火"——这还是李唐复辟后对武周时代的主旋律书写，接下来描述李千里"隐若敌国，虑深属垣，畏涂叱驭，焦原跟趾"，开始塑造一个深谋远虑的爱国者形象。即便在得到武则天的重用后，李千里依然"永怀兴复"，为李唐再现而奔走谋划，"协谋宰辅，升闻禁掖，开鹤钥之严扃，展龙楼之旧礼"。此处明确指出李千里参与了与宰相张柬之、崔玄暐等政变核心成员的密谋，并且利用担任右金吾将军的便利，在政变中打开了禁官的大门（"开鹤钥之严扃"），迎接忠于李唐的势力复辟，"圣期千载，功业一匡"。事后，李千里的扶摇直上，是对其在武周时期数十年忠心李唐、卧薪尝胆的肯定，是对其在复辟政变中冲锋陷阵的殊勋的酬报。

考诸史实，传世文献并没有李千里参加神龙政变的记载。墓志文字是孤证。试想，如果李千里真的参加了政变，并且创立功勋，传世文献不会无视，墓志会有更浓墨重彩的描述。职官研究表明，兵变之时，李千里尚在地方任职，并不在洛阳城。他的右金吾将军职位只是遥领，尚未掌握京师军队。当然，没有记载并不等同于没有参与政变的密谋。但是，即便李千里真的心系大唐、有意谋反，张柬之等人也不可能接纳李千里这样的人物。这一方面是因为李千里始终高调、谄媚地效忠武则天，政治光谱严重偏向武氏；更重要的原因是李千里的宗室血脉并不疏远，并不能排除在争夺皇位的潜在名单之外。接纳李千里会增加密谋集团的复杂性，增加政变目标和进程的不确定性。事实上，以张柬之为代表的政变集团对皇太子李显、相王李旦等人都提防有加。为了确保主导政变进程、掌控政变目标，神龙政变方案事先都没有征求李显、李旦等人的意见。与李显、李旦相比，李千里受到张柬之等人的防范之心必然更强。综上所述，李千里就是神龙政变的一个旁观者。

然而，李千里还是成了这场政变的重要受益者。这泼天的富贵，来自皇权的恩赐。直白地说，这是唐中宗李显继位后为了强化皇权，刻意扶持的结果。

从表面看，李唐皇室经历了武则天的残酷屠戮之后，宗室人丁凋零，在位者更是屈指可数。李显环顾四周，除了李旦、太平公主，封爵郁林郡公、征讨岭南的李千里就要位居第三了。重用李千里，与平反宗室各房支、起用李唐散逸子弟的逻辑是相通的。更深层次的逻辑是：李显软禁房州14载，返长安城后又困于深宫，登基后严重缺乏政治班底。而伴随着武则天强权的崩塌，新的强权人物没有出现，朝野派系林立，主要有以张柬之等政变功臣为首的朝臣集团、李显和太平公主为核心的近支宗室势力、尚未荡涤干净的武三思等武氏残余力量、以上官婉儿为首的宫廷力量。各派和李显若即若离，利益与立场都远谈不上完全一致。弱势的新皇帝需要培育自身力量，拱卫皇权。后人注意到了李显近乎无原则地扶持皇后韦氏、女儿安乐公主，却很容易忽视他对成王李千里的重用。谁让李显的这桩人事举措，淹没在了大规模恢复李唐宗室子弟官爵的潮流之中呢？

复辟的李显严重缺乏嫡系力量，需要扶持李千里等人，以便在朝臣、武氏、兄妹、后宫等势力之间维持平衡。派系林立、政出多门的政治格局注定是不稳定的，必然要迅速分化组合。在短暂的中宗朝，先是皇权联合武氏势力打压神龙政变集团，置张柬之等功臣于死地；紧接着韦皇后势力快速崛起，与武氏势力呈现日益融合之势；相王李旦则与太平公主结成紧密联盟，并吸引了上官婉儿为首的宫廷力量的投靠……在转瞬之间令人眼花缭乱的分化组合之中，皇后韦氏的勃兴最为人侧目。丈夫的纵容，使得韦皇后萌发了效仿婆婆武则天临朝听政，乃至再来一次女皇登基的野心；与武三思的联手，使得对武周时代的拨乱反正非但不彻底，反而呈现出重返武周的政治氛围。新动乱的种子，孕育在长安的土壤中。

此时，命运已经将李千里推到了时代的风口浪尖上。他所担任的左金吾大将军掌握着京师的警备部队，负责长安城的治安。这是一个敏感的要害岗位，位高权重。同时，命运的每一次眷顾都暗中标明了价格。只有世事洞明、果敢决断之人，方能端坐在关键岗位之上。李千里是这样的人吗？

🏵 当一个凡人身居高位

　　之前成功处理与武则天的关系，只能证明李千里的务实，以及来自底层社会的一丝丝市侩与狡黠。他的人生逆袭，更多的是被时代潮流推搡着被动前行。我们没有见到李千里在政坛上的主动作为。以他彼时的身份地位，李千里无法坐等安排，也没有人能够给他指引方向，瞬息万变的政坛不允许他无所作为。这便对李千里提出了极高的考验。

　　很快，皇太子李重俊登门了。李重俊是当时政坛的一个异数。他原本是与皇太子之位无缘的。武则天晚期，李显与韦皇后唯一的嗣子李重润因私下议论后宫秽事，为张昌宗兄弟告发。武则天下令李显处理。怯懦的李显违心逼迫李重润自尽。李重润之死，为唐中宗的继承问题埋下了隐患。中宗复辟后，没有嫡子可以立为皇太子。庶长子李重福之前献媚于张昌宗兄弟，如今更为韦皇后所不喜，被贬到地方软禁。第三子李重俊，便递补为皇太子。但李重俊依然不讨韦皇后的喜欢。韦氏内心始终放不下唯一儿子的冤死，进而厌恶所有"抢夺"原本属于她儿子的太子宝座的人。她内心更深层次的欲望是做第二个女皇帝，那么李重俊无疑是她必须铲除的障碍。武三思等武家势力，以及野心勃勃的安乐公主，同样将李重俊视为眼中钉、肉中刺和出气包。李重俊困于逸嫉与侮辱，一怒之下决定发扬家族的"优良传统"——政变！李氏家族是富有同室操戈政变传统的家族。从李世民到李旦，不是从真刀真枪的血雨腥风之中突围而出，就是在兄弟子侄的明枪暗箭之下笑到最后。抱定刀口舔血的念头后，堂伯李千里无疑是李重俊拉拢的不二人选。

于是，李千里第一次必须独立做出人生中的重大抉择。是否参与政变，怎么推动政变？其他人不可能帮他做出决策。对于政治局势，李千里是不满的。在韦皇后、武三思等人的把持下，国家有重返武周的风向。武周时代屠戮李唐皇室的惨痛经历，李千里记忆犹新。自己的前 40 年时光，不能说朝不保夕，但也是日夜担惊受怕。如今好不容易挺直腰板扬眉吐气了，一想到新的女皇统治可能降临，李千里是坚决反对的。旧时光不堪回首，同时，作为复辟后的新贵，他很清楚自己会成为新朝的第一批祭旗者。所以，当他看到皇太子李重俊笼络政变，毅然决定参与其中。

问题在于如何取得政变的成功。李重俊是一位冲动型领导者，激于义愤而缺乏周密的筹划。他聚拢的政变力量，除了太子东宫中同样缺乏阅历的年轻人，最重要的就是左羽林大将军李多祚、右羽林将军李思冲，以及左金吾大将军李千里。李多祚、李思冲二人掌握部分北门禁军，且参与过神龙政变。尤其是李多祚，一代名将，神龙政变的主力。他们可以作为爪牙，却不能成为政变集团的头脑。神龙政变的成功，是因为形成了以张柬之、崔玄暐、敬晖等阅历丰富、老成持重的一帮老臣为灵魂的政变核心。李重俊不具备这样的能力和心智。那么，李千里能否填补核心人物的缺失呢？

从历史发展来看，李千里并不具备这样的可能。接受政变邀约后，他只是完成李重俊布置的任务，既没有参谋顾问，对实施方案有所贡献，也没有分析敌友，对壮大力量有所开拓。唐中宗时代，韦皇后、武三思的反对力量不止李重俊一方。尽管各方的政治蓝图存在分歧，但在遏止重返女皇时代这一点上是利益一致的，是政变集团可以争取的力量。神龙政变的成功，根本就在于聚拢了多方力量，彻底孤立了武则天。范本在前，李千里可以联络李旦、太平公主等反对韦氏的力量，也可以说服太子网罗朝臣中潜在的支持者，更可以建议政变集团在京城内外伸展触角、发展势力。可惜，李千里一份作业都没有抄，也没有提醒李重俊抄作业。这只能归咎于李千里眼界上的狭隘、政治上的低能。新旧唐书评价李千里粗鄙、轻躁，并非空口无凭。

这场史称"景龙政变"的事件，结局如何呢？《旧唐书·节愍太子重俊传》的描述较为详细：

> 时武三思得幸中宫，深忌重俊。三思子崇训尚安乐公主，常教公主凌忽重俊，以其非韦氏所生，常呼之为奴。或劝公主请废重俊为王，自立为皇太女，重俊不胜忿恨。三年七月，率左羽林大将军李多祚、右羽林将军李思冲、李承况、独孤祎之、沙吒忠义等，矫制发左右羽林兵及千骑三百余人，杀三思及崇训于其第，并杀党与十余人。又令左金吾大将军成王千里分兵守宫城诸门，自率兵趋肃章门，斩关而入，求韦庶人及安乐公主所在。

在景龙政变中，李千里与天水王李禧父子齐上阵，率左右数十人（可见政变准备不足）进攻右延明门。门内是朝臣聚集办公的南衙，韦氏党羽宗楚客、纪处讷等不知敌情如何，闭门不出。李千里父子虽然没能诛杀韦氏党羽，但也牵制了他们出兵支援禁宫、保卫韦后的行动。太子兵败后，李千里、李禧坐诛，籍没其家。尚在人世的唯一弟弟李璥，时任宗正卿，受兄长李千里牵连，贬南州司马，卒。景龙政变和李千里家族，都以悲剧收场。韦皇后下令将李千里子孙改姓蝮氏。李千里只在高官显爵上短暂逗留了2年，便如流星一般消失在政治舞台上。他的墓志将这一事件表述为：

> 武三思因后族之亲，叨天人之位，罪浮于梁冀，谋深于霍禹，忠良钳口，道路以目。王志协青宫，精贯白日，虑彼鸩毒，斩兹枭镜……神龙四年②七月五日遇害，春秋六十有二。

墓志将李千里塑造成诛杀外戚权奸的朝廷砥柱，陈述其死"萧墙伺隙，椒掖回天，翻闻戾园之祸，更甚长沙之酷"。戾园之祸，用的是汉武帝与戾太子刘据巫蛊之祸的典故，借指唐中宗李显与皇太子李重俊父子相残；长沙之酷，说的是西晋八王之乱时长沙王司马乂被烧死的旧事。临死前，司马乂鸣冤之声响彻周边，三军中没有不为他落泪的。墓志借此替李千里鸣冤。

墓志创作之前，大唐王朝刚刚又经历了一场政变：唐隆政变。这次政变成功铲除韦氏集团，相王李旦即位，是为唐睿宗。唐睿宗平反李千里，恢复李姓，追复官爵："故左金吾卫大将军成王千里，保国安人，克成忠义，愿除凶丑，翻陷诛夷。永言沦没，良深痛悼。宜复旧班，用加新宠，可还旧官。"哀荣随之而至。朝廷派膳部郎中李敏监护丧事，李千里在死后第三年，即景云元年（710年）年底葬于长安铜人原。

墓志赞扬李千里"位兼文武，器隆栋干，鹏激谈津，猿吟射圃"，高度肯定他"全于危疑之际，非为身也；赴于宗稷之急，由安上也。存非苟合，故昌运以之兴；勇非虚殉，故逆节由其沮。允所谓立功立事，远而不朽者欤？"诚如墓志所言，李千里堪称李唐皇室的"千里驹"。但分析生平事迹，李千里在景龙政变中的激情一跃，对大唐政局的稳定并无实质帮助。墓志记载："初，孝和之在桐宫也且廿年，鼎命将迁者数矣。王稍见亲近，永怀兴复；献纳之际，恳至尤深。丕业之未沦，繄王是赖。"说的是唐中宗李显复辟之前，李千里输诚献计，保李显嗣君地位不坠，是中宗复辟成功的首要功臣。这又是孤证。考虑到李显的皇太子生涯过得战战兢兢，为求自保不惜逼杀唯一嗣子，他和效忠武周且远在外地的李千里串联密谋的可能性微乎其微。如果二人是多年政治盟友，李千里在景龙政变中不该是后来那般表现。李千里生前与李显、李旦、太平公主等皇族势力极可能都没有横向联系，没有参与后者的政治谋划。他就像是中唐皇室的一个"独行侠"，对乱局没有清醒的认识，对匡扶朝政也没有理性的谋划。虽然位列亲王高爵，除了掌握部分京城武力，李千里的政治实力并不强。他更像是李唐宗室的一个边缘人物。

家族延续，日渐凋零

李千里的人生结束了，家人的生活还在继续。李千里家门的发展，也折射出李千里生前的若干印记。

李千里的妻子慕容真如海的墓志③也出土了。大约在麟德二年（665 年），李千里与慕容氏结婚。李千里大约 20 岁，当时已经度过了 12 个流放年头；慕容氏大约 15 岁。当时，李恪已经平反，但李千里兄弟依然是岭南的流人。慕容氏墓志写道："王以谪居荒隅，空伤赋鸟。妃以族行炎海，遂托乘龙。荔浦来归，桂宫成兆。"想必慕容氏家族也是流放南海之滨的罪人家庭。婚后，小夫妻俩在岭南继续生活了 21 年，直到光宅年间触底反弹。墓志称赞慕容氏之后"宜家以螽斯成咏，主馈以鹊巢是德"，在丈夫"萧墙飞祸，昆玉同焚"之后又寡居了 18 年，于开元十三年（725 年）二月寝疾于洛阳劝善里私第，享年 75 岁。遗体运回长安后，第二年年底与李千里合葬于铜人原。

李千里的子女，除了正史明确记载的天水王李禧，根据出土墓志还可还原以下支系。

李千里的墓志记载有孙子李瓘，慕容氏墓志记载有嫡孙、郕国公李浚等，都没有其他儿子辈的记载，极可能天水王李禧是李千里唯一的儿子。鉴于慕容氏墓志"螽斯成咏"之句，当指慕容氏不只生育一次，则可能其他儿子死于李千里之前，或生育了一子多女。郕国公李浚是李禧嫡子。而李瓘是李禧年长的庶子，在祖父入葬时年龄稍长，其他兄弟都年幼，他便作为子孙代表出现在祖

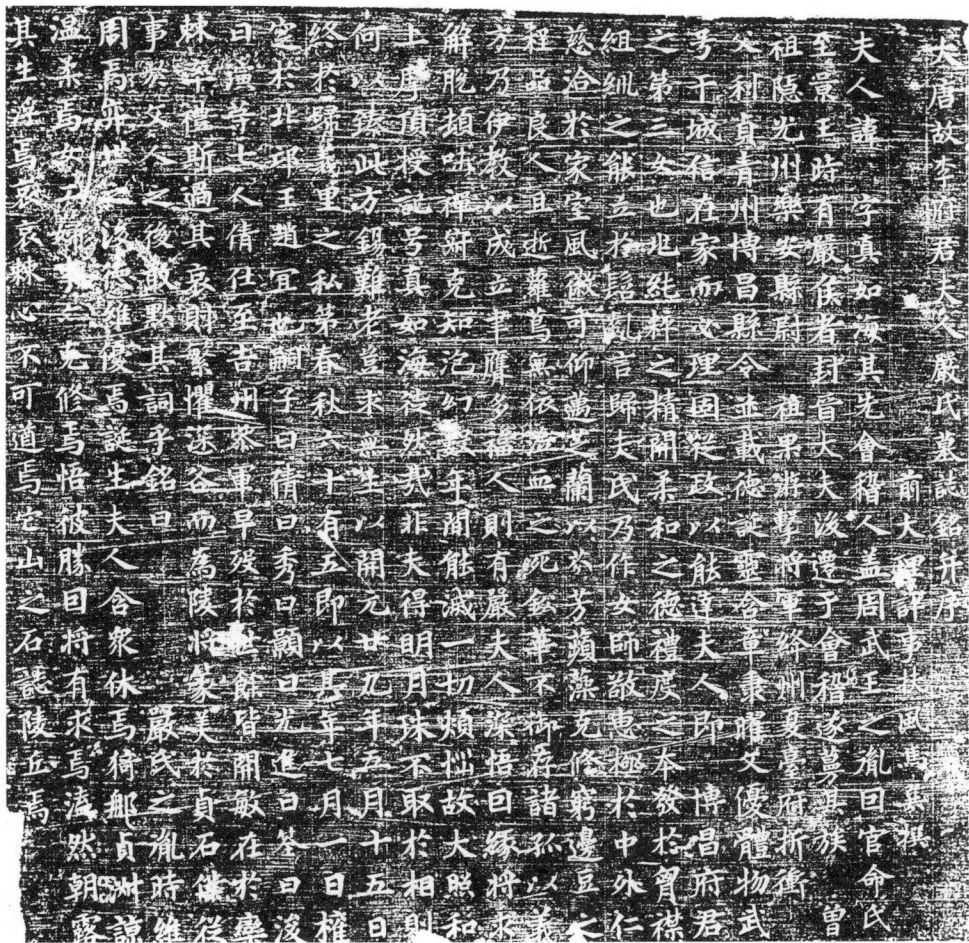

《李君妻严真如海墓志》，河南省洛阳市出土

父墓志中。

　　然而，郕国公李浚一脉并没有传承下来，出土墓志记载的郕国公都是李峒。《唐故通直郎行右神武军兵曹参军李府君墓铭并序》记载李峒是唐太宗的四世孙，则李峒是李千里的孙子；《唐故庐江县令李府君墓志铭并序》却记载李峒是

李千里的儿子，不过该墓志在吴王李恪与李千里之间插入了一位"嗣王（李）只"，明显与传世文献相悖。则李峒应该是李千里的孙子——如果没有其他世系记载可以验证，《唐故庐江县令李府君墓志铭并序》的真实性存疑。李峒与李浚是兄弟。李千里可知的孙子有三位：李瑾、李浚、李峒。

李峒官至金紫光禄大夫、东都副留守、郕国公，位于大唐的高官行列。李峒生凤翔府司录参军、监察御史、成纪县男李定。李定是李千里可知的唯一一位曾孙，阶层已经下降为中级官员。

李定生庐江县令李稷，通直郎、行右神武军兵曹参军李赡和李映。这三人是李千里可知的玄孙。成王的第四世孙便开始分化，李稷勉强维持在中层，李赡继续下降为基层官僚，李映则没能入仕，丧失了官员身份。

李千里的五世孙有李稷所生朝请郎、行太原府祁县主簿李景阳，李映所生有李景叔、李景祥、李景翱三人（《唐故处士李府君墓志铭并序》）。李景阳也下降为了基层官僚。而李映家族的境况进一步恶化。唐代墓志惯常请官员动笔，撰写者的身份映射逝者的家族实力。然而，李映的墓志已经不是官僚士大夫撰写的，而是次子李景祥撰写的。李景祥兄弟三人都是布衣白身。可见，李千里家族发展到这一代，已然没落了。

唐代社会流动的一大趋势是对才学和能力的要求日渐严苛。家世出身的作用日益减弱，宗室子弟到了王朝后期，也职业官僚化了，靠科举和政绩安身立命。家族能够传给子嗣最宝贵的遗产不是爵位，而是家学、榜样。李千里的第三代尚且维持了荣华富贵（极可能是中唐朝廷看在李千里父子殉难的份上给予了适当照顾），第四代就出现了阶层滑坡，之后更无可道者。显然这个家族既没有家学，也没有事功。李千里作为家族创立者是有责任的。这也反证了李千里在新旧唐书中"无才""诡躁""褊躁"的形象。

而在唐代笔记《朝野佥载》中，李千里的形象更为不佳。该书卷二记载李千里在岭南的残暴行径："取大蛇八九尺，以绳缚口，横于门限之下。州县参谒者，呼令入门，但知直视，无复瞻仰，踏蛇而惊，惶惧僵仆，被蛇绕数匝。良久解之，以为戏笑。又取筷及鳖，令人脱衣，纵龟等啮其体，终不肯放，死而后已。其人酸痛号呼，不可复言。"可怕的是，李千里还与姬妾共同观赏酷刑，以为玩乐。"然后以竹刺龟等口，遂啮竹而放人；艾灸鳖背，灸痛而放口。人被试者皆失魂至死，不平复矣。"该卷还记载李千里向武则天进献幼虎，虎在宫中咬死过宫人。遥想当年，李千里在他的时代风评不会太好。他不是一个讨人喜欢的人。如果不是武则天、李显两代君主出于皇权需要加以利用，李千里大概率是一个游离在权力场外的粗人。

有观点将李千里在武周时期的谄媚解释为其人深谋远虑，通过自污来避祸，同时等待复兴李唐的时机。这很可能是由于赞赏李千里在景龙政变时期的奋勇一搏，进而对他的历史进行美化。综合各方面分析，为武则天搜罗祥瑞、向武则天进献老虎的李千里，很可能就是真实的李千里。他幸运地得到了一个巨大的舞台，又不幸演砸了，上演了一部大起大落的悲剧。

值得一提的是，在出土墓志中有一篇李千里女儿李淑的墓志——《唐故密州司马韦府君夫人成纪县主墓志铭并序》。

李淑"年廿七，再归于韦氏"，27岁时再嫁给密州司马韦某。根据卒年推算，当时是710年，父亲遇难3年之后，也是唐隆政变发生之年。考虑到李千里父子因讨伐韦氏而死，唐隆政变又以铲除韦氏集团为目标，李淑的夫家不太可能是韦皇后的近亲家族。即便如此，李淑在家仇和政治环境双重压力之下依然嫁给韦氏，着实令后人费解。对于这桩婚姻，站在李淑角度是"由高俪卑，深惟下嫁之典；居厚体薄，无屑事人之义"。开元七年（719年），丈夫韦氏病逝，"县主昼哭穆伯，夜读丧典，慨箕裘之莫嗣，泣桃李之无从"。李淑与韦氏没有生育，"志节阃正，仪形孀立"，于开元二十一年（733年）病逝于洛阳，享年50岁，"葬于万安之原，不祔于韦氏，从其志也"。她为什么不和丈夫合葬呢？针对唐代出现的夫妻分葬问题，刘琴丽认为原因在于文化因子，如道教信仰、妇女无子或早死、再嫁占卜和时辰禁忌等④。或许，在信教、无子、再嫁，叠加父兄与韦氏的深仇大恨等综合作用之下，李淑选择不与韦氏合葬。

李千里的一生，是传奇的一生。他在时代的尘埃中蹒跚前行，努力避免成为权力斗争的炮灰，却依然为政治那座大山所压垮。德不配位，其祸不远。很多历史人物未必拥有管好一家一舍的能力，却在阴差阳错之下站到了可以影响历史大势的位置上。这对个体抑或时代，都是悲剧。

注释

① 赵平编辑：《中国西北地区历代石刻汇编》第 3 册，天津：天津古籍出版社，2000 年。

② 应为神龙三年（707 年）。

③ 周绍良主编：《唐代墓志汇编》，上海：上海古籍出版社，1992 年。

④ 刘琴丽：《唐代夫妻分葬现象论析——以墓志铭为中心》，《中华文化论坛》2008 年第 2 期。

第六章

杜有邻

长安雪，飘零的亲情

❀ 命途多舛的皇亲国戚

天宝五载（746 年）的冬天，长安天寒地冻。

长安大雪天，天地间苍茫一片，难觅一只鸟雀。站在巍峨的城墙上，远眺城南的终南山，雪裹山岭，生发着阵阵寒意；俯瞰城内的坊市，千门万户白花飘，片片雪花无声地落在坊间瓦沟中，最终汇成沟壑中的冻水。

大明宫、太极宫和兴庆宫炭火融融，唐玄宗李隆基已经年过花甲，早在几年前就已经长居深宫，没有了早年的进取与锐气，如今的寒冬腊月更是消磨着老皇帝的心智。春宵苦短日高起，从此君王不早朝，朝政委托给权相李林甫处理。以口蜜腹剑著称、以嫉贤妒能见长的李林甫逐步把持朝政，左右逢源，上下其手，在天宝初年掀起了阵阵政坛风波。在天宝五载的这个寒冬，有来京候选的选人纠结于个人的前途命运，有应考明年科举的士人迷茫于功名仕禄，更有长安的芸芸众生伐薪烧炭、修补陋室、奔波生计。大家都在努力度过这个冬天。

杜有邻是长安城的一位居民。他出身于著名的长安杜氏，是士族子弟，小女儿嫁给了皇太子李亨，是为杜良娣（良娣地位低于太子妃，秩正三品）。或许由于这层关系，杜有邻成为东宫官属，官拜赞善大夫，秩正五品上，跻身王朝高层文官序列。在百万人口的长安城，杜有邻是上层人士，处于食物链的顶端，过冬对他而言应该是稀松平常的小事。

杜有邻的另一个女儿，也就是杜良娣的姐姐，嫁给了左骁卫兵曹柳勣。柳勣官职正八品下，年轻进取，孜孜不倦于功名。他选择的路径是积极搭建人际圈子，提升声望。《资治通鉴》说"勣性狂疏，好功名，喜交结豪俊"，勾勒出柳勣生性狂疏，不拘小节，喜欢交结豪俊之士的形象。柳勣结识了裴敦复。裴敦复曾考中制举第一名，任过刑部尚书，因为得罪李林甫，于天宝四载（745年）贬官，时任淄川太守。裴敦复很认可柳勣，把这个年轻人推荐给了天宝初年文坛领袖、著名书法家李邕。李邕的性情同样狂疏，仕途同样多舛，时任北海太守，人称"李北海"。李邕也很喜欢柳勣这位晚辈。与他们交好的还有著作郎王曾等。这个兼具文学和仕宦功能的小团体，表现活跃，难免引人侧目。

杜有邻对柳勣这个女婿是不满的。"京兆韦杜，去天尺五"，杜有邻出身于老牌贵族家庭，性情沉稳，也深知高调在政坛中意味着风险。小团体既能成就一个人，也能毁掉一个人，尤其在暗流涌动的天宝政局中。所以，杜有邻多次批评女婿柳勣的轻傲狂放，自然少不了对其进行苦口婆心兼耳提面命的训导。可惜的是，轻狂的柳勣非但没有听进去教诲，还反过来讥笑杜有邻迂腐胆小。如此反复多次，翁婿二人的积怨越来越深。天宝五载冬日的一天，翁婿二人又因为一件小事争吵了起来。杜有邻仗着岳父的身份，狠狠训斥了柳勣一顿。柳勣心孤气傲，加上本身又是朝廷命官，为杜有邻一顿训斥后，觉得颜面大失，竟然恨起了岳父。回到家，夜深人静之时，柳勣生出挟怨报复之心，写了一封检举信，控告东宫赞善大夫杜有邻"妄称图谶，交构东宫，指斥乘舆"。柳勣的控告完全无中生有，经不起推敲，但罪名之大足以吞没岳父一家并反噬柳勣本人——这是性情狂疏的柳勣意想不到的。

柳勣的检举信很快被送到了李林甫的案头。控告者是太子李亨的连襟，控告的又事关太子与朝臣交结图谋不轨，事情注定小不了。一直致力于扳倒太子的李林甫如获至宝，决定借此再兴大狱，对李亨发起新一轮的攻击。

韦坚：大唐荣耀的背后

皇位继承之争是唐代政治的一大特色。从唐太宗李世民到唐玄宗李隆基的继位，每一位皇帝都是经历了一系列明争暗斗乃至血雨腥风才登基的。每一场皇位争夺战的前后，都伴随着朝廷权力格局的重组和高层人事的变动。政治人物想巩固和扩大权势，必须在潜在的皇位继承者之间正确地站队。对于大权在握的宰辅大臣而言，最保险的做法就是自己扶持一位皇太子。李林甫在向大唐权力金字塔顶端攀登之时，就联合武惠妃势力扳倒了唐玄宗的首任太子李瑛，进而试图努力扶持武惠妃的儿子、寿王李瑁为新太子。唐玄宗却选择忠王李亨为新太子。新太子并非李林甫所愿，而且在太子之位的竞争过程中，李林甫暴露了对寿王李瑁的支持，李林甫担心太子怨恨自己，将来对自己不利。在李亨搬进东宫的那一刻，李林甫就谋划着把他赶出去。

搞阴谋诡计是李林甫的特长。早在天宝五载的正月十五元宵节，李林甫就发动了针对太子李亨的"韦坚案"。在柳勣检举杜有邻之前，整个天宝五载的长安都笼罩在韦坚案的凄风冷雨之中。

韦坚，出身于与杜有邻家族相提并论的京兆韦氏，是太子妃韦氏的哥哥、太子李亨的大舅子。韦坚仕宦履历丰富，办事干练，领江、淮租庸转运使期间督办江淮租运，为朝廷贡献了大量钱财。李林甫与韦坚关系起初不错，不过随着韦坚日益得到唐玄宗的器重，有拜相的迹象，威胁到了李林甫的地位，二人的关系迅速恶化。李林甫将阴谋之箭对准韦坚，随时准备施放。天宝五载正月，河西节度使皇甫惟明因破吐蕃入朝献捷。皇甫惟明早先担任过忠王李亨的宾友，支持太子，如今入朝见李林甫专权，便劝谏唐玄宗罢免李林甫。唐玄宗没有答应。李林甫得知后，恨之入骨，必须除之而后快，指使党羽、御史中丞杨慎矜暗中监视皇甫惟明的一举一动。正月十五日夜，长安成了不夜城，官民同乐。当夜，韦坚与皇甫惟明相会于景龙观道士之室。杨慎矜向李林甫汇报，李林甫强调韦坚身为皇亲国戚，与边将往来，欲共立太子。外戚与外臣相交是违法的，唐玄宗之前敕命："宗室、外戚、驸马，非至亲毋得往还；其卜相占候之人，皆不得出入百官之家。"（《资治通鉴》）皇甫惟明、韦坚即便没有密谋，也是极不严谨的。这也触动了皇帝敏感的神经。唐玄宗也怀疑韦坚与皇甫惟明有所密谋，经过简单审问，贬韦坚为缙云太守、皇甫惟明为播川太守，不久遣使杀皇甫惟明于贬所，再贬韦坚为江夏员外别驾，又流韦坚于岭南。韦坚的弟弟、儿子一并远贬岭南。当年十月，监察御史罗希奭至岭南杀韦坚、诸弟及子韦谅。受此案牵连而遭贬官者数十人。李林甫嫉恨韦坚，遣使到黄河漕运沿线及江淮州县挖掘韦坚的罪过。使者所到之处，收捕拷问官民，各处牢狱人满为患。这是天宝五载的一种政治氛围。

太子李亨面对李林甫的进攻，毫无还手之力，惶惶不可终日，无奈上表表明与韦坚兄弟毫无干系，并自陈与太子妃韦氏"情义不睦"，请求离婚。唐玄宗没有废立太子的意图，听任太子与韦氏离婚，没有进一步追究李亨的罪过。韦氏被废为庶人，出家为尼。李亨算是侥幸过关了。

李林甫大兴刑狱，却没能扳倒李亨，显然不满。柳勣检举，恰逢其时。李林甫认定案情重大，将李亨、李邕、裴敦复、王曾等人都牵连进来。大规模地株连，总有矛头可以刺向太子，即便不能动摇李亨的地位，也能增加唐玄宗对他的不信任或者厌恶——至于事实真相，在李林甫看来是最不重要的，甚至是可以随意书写的。

唐玄宗得知柳勣一案后，下令京兆府会同御史台官员审问。事实上，稍加认真审理，就可以发现柳勣纯属诬告。可李林甫委派京兆府士曹参军吉温负责审问。而吉温是李林甫的爪牙，他和监察御史罗希奭合称"罗钳吉网"，擅长对李林甫交办的对象罗织罪名、横加迫害。

吉温身为审讯官员，秉承上意，要把柳勣诬告一事坐实、做大。他如何说服柳勣的，后人已经不得而知了。不过，对于轻狂又志大才疏的柳勣而言，吉温很可能连吓带骗，先恐吓柳勣此事已经上达天听，如果查实诬告那便是欺君，罪过极大，所以只能认下案情；接着宽慰柳勣，大致说只要他配合自己，真的"连根拔起"一个谋反集团，非但可以脱罪，说不定还能戴罪立功。柳勣中计了，循着吉温的思路，继续指认岳父杜有邻与连襟李亨密谋，还将案情扩大，将平时交好的官员都牵连进来。柳勣确实轻浮躁动，将李邕欣赏自己，以马匹相赠等琐事都招供了出来。于是，一份包裹着若干真实细节的虚假密谋文书便被炮制了出来。

太子李亨的人生选择

　　最终裁决交到了唐玄宗手中。此案牵连多名朝野官员，大有动摇太子李亨之势。不过，写得再漂亮的卷宗，也逃不过李隆基的火眼金睛。他是何许人也，是冲出刀光剑影、历经政变考验的老权谋家了！唐玄宗很清楚案头卷宗饱含水分，多有捕风捉影之处，至少他对全部的真实性是持怀疑态度的。在他 60 多年的人生中，类似的把戏并不罕见。然而，唐玄宗没有戳破真相，反而将错就错，顺水推舟。他需要这个案件来贯彻自己的意图——打压太子的势力。无论杜有邻、李邕等人有无秘密串联太子，唐玄宗都要鲜明地反对这种倾向，并残酷镇压潜在的密谋者。可他也深知局势还没有恶化到废黜太子的程度，更不希望将此事扩大，引发朝政动荡。于是，唐玄宗划定了有限处置的办案原则：惩治相关大臣以警告和恐吓其他人不得与太子结党，以杜绝大臣钻营侥幸之门；同时向李亨施压，告诫他不要与大臣交往，不能窥探觊觎帝位。

　　首先，鉴于柳勣、杜有邻等人是皇室姻亲，特予免死，判处杖刑，贬往岭南。李林甫可不想这么放过杜有邻，就在杖刑上动手脚。施刑往往因人而异，而主动权就掌握在行刑者手中。天宝六载（747 年）正月，杜有邻、柳勣都丧命于重杖之下，积尸大理寺。对于杜有邻而言，这真是无妄之灾。而柳勣则完全是害人害己。二人的妻儿家小都流徙岭南。

　　其次，李邕、裴敦复等人也都被杖死。这些人是柳勣交际圈子中的人，更是李林甫排斥的官员。他们共同的特点是资历深、声望高，一度对李林甫的权势构成威胁。比如，当年已经 70 岁高龄的李邕"素负美名，频被贬斥。皆以邕能文养士，贾生、信陵之流，执事忌胜，剥落在外"。李邕本人"性豪侈，不拘细行，所在纵求财货，驰猎自恣"，日常言行确实不太检点，偶尔也透露对久居外郡的不满。如今，朝廷派遣刑部员外郎祁顺之、监察御史罗希奭驰往北海郡杖杀他。之前李邕锋芒毕露，出行时前簇后拥，沉浸在崇拜者的拥戴之中，有人就对李邕说："君如干将、莫邪，难与争锋，然终虞缺折耳。"（《资治通鉴》）结果，一语成谶。天宝六载正月，北海太守李邕因"厚相赂遗"之罪，被杖死。几乎同一时期，屡立功勋的淄川太守裴敦复也遇害了。受杜有邻案株连遇害者中，最可惜的是邺郡太守王琚。王琚并非柳勣交游的对象，可同样性情豪侈、同样久居在外，李林甫同样恶其负才使气，所以把王琚的名字加在了处决名单中。

君王密友不好当

　　王琚是李隆基年轻时的密友，在李隆基攀登权力巅峰的过程中居功甚伟。神龙年间，王琚图谋暗杀武三思失败，隐姓埋名，逃亡江南。唐睿宗继位后，王琚潜回京师，隐居在城南韦曲和杜曲之间。一次，时为临淄王的李隆基打猎饥倦之余，在乡村大树之下休息。有一位书生邀请李隆基到家做客。书生家徒四壁，只有一妻一驴而已，却迅速杀驴煮秫，备齐了膳馔酒肉。李隆基很惊奇，交谈之后觉得他磊落不凡。这位书生就是王琚。从此，年轻的临淄王游猎韦杜，必过王琚家。王琚向李隆基指出了太平公主的威胁，建议他诛杀公主，又推荐张说、刘幽求等壮大李隆基集团。在先天政变中，王琚与李隆基一道冲锋陷阵，并在生死攸关的承天楼上与他一起处理了太上皇李旦意图跳楼自尽的危局。李隆基掌权后，君臣二人度过了一段蜜月期：

> 　　琚转见恩顾，每延入阁中，迨夜方出。归休之日，中官至第召之。中官亦使尚宫就琚宅问讯琚母，时果珍味赉之，助其甘旨。琚在帷幄之侧，常参闻大政，时人谓之"内宰相"，无有比者。（《旧唐书·王琚传》）

　　不过，李隆基很快便疏远了王琚，李林甫趁机中伤、排挤王琚。王琚长期出典外郡。

　　时李邕、王弼与琚皆年齿尊高，久在外郡，书疏尺题来往，有"谴谪留落"之句。右相林甫以琚等负材使气，阴议除之。五载正月，琚果为林甫构成其罪，贬琚江华郡员外司马，削阶封。至任未几，林甫使罗希奭重按之。希奭排马牒至，琚惧，仰药，竟不能死；及希奭至，遂自缢而卒。死非其罪，人用怜之。（《旧唐书·王琚传》）

　　唐玄宗难道不知道王琚是冤枉的吗，为什么坐视昔日的密友遇害呢？私人情感和事实真相一样，并非他考量的主要因素。江山永固才是他一切思考的出发点和落脚点。王琚确实功勋卓著，但他的纵横之术、权谋手段在开元天宝盛世已经没有用武之地了，反而成了不稳定的因素。这才是唐玄宗疏远王琚的根源。唐玄宗是一位独裁冷血、心胸狭窄却伪装平和、豁达的君王。残酷的政治斗争教会他早早抛弃了个人情感，学会了诸多帝王之术。可以看看李隆基是如何对待陆象先的。

　　陆象先为官刚直，无党无派，虽然是太平公主引荐的睿宗朝宰相，却在太平公主密谋废黜李隆基之时公开反对。事后，李隆基赞扬他是寒冬松柏。先天政变时，太上皇李旦逃到承天楼，群臣稍集。李旦困兽犹斗，决定与儿子李隆基斗个鱼死网破。他对群臣说："助朕者留，不者去！"朝臣中有不少书写官衔投名自效的。唐玄宗取胜后，收缴了诸臣的投名帖，诏令陆象先按图索骥，一一惩办。陆象先一把火烧毁了全部名帖。唐玄宗大怒，陆象先顿首谢罪："赴君之难，忠也。陛下方以德化天下，奈何杀行义之人？故臣违命，安反侧者，其敢逃死？"陆象先的解释义正词严，唐玄宗无力也无法反驳。烧帖一事不了了之。很快，陆象先罢相，外放益州长史。虽然没了李旦和太平公主党羽的投名帖，但唐玄宗有的是办法，结果依然"连累稍众"。看清了前因，我们便能理解唐玄宗清理官员的后果。对于皇帝而言，他需要的永远是与皇权保持高度一致的顺臣乃至佞臣，而不是有能力又有个性的官员。

最后，杜有邻案再次陷太子李亨于险地。他眼睁睁地看着岳父死于杖下，无可奈何，日夜惴惴不安。李亨能做的，就是故伎重演，宣布与杜良娣离婚。杜良娣迁出东宫，废为庶人。好在唐玄宗并无废黜太子之意，只是又一次借机清除官僚队伍而已。不过，连续不断的危机对李亨造成了巨大的心理压力。巍峨的宫殿群中，哪里还有什么父子亲情？李亨切身感受到的是父皇为刀俎、太子为鱼肉。自己连最亲爱的人都保护不了，更遑论顺顺利利继承大统了。李亨翻看家史，从曾祖父选嗣开始到父亲继位，哪一代不是踏着骨肉的鲜血走过来的？祖父李旦就是因为看重亲情，陷在兄妹、父子感情中不能杀伐决断，导致在先天政变中输给了父亲李隆基。现在轮到了自己。李亨要活下去，要品尝皇权的味道，必须继承"家风"，发挥优良"传统"，暗中积蓄力量，时刻做好政变的准备。"马嵬驿之变"的种子，天宝五载、六载之间便在李亨的心底种下了……

在杜有邻案中，李林甫看似是胜利者，其实又一次充当了工具人。他之所以能在天宝五载一年之内连起两次大狱，贬谪杀戮了一大批官员，且矛头均是针对太子，其实都是得到了唐玄宗的默许甚至纵容。李林甫的本质，阅人无数的李隆基心知肚明，但是他离不开李林甫这样的角色。双方是另一种"君臣相得"，狼狈为奸。

> 玄宗幸成都，给事中裴士淹从。士淹聪悟柔顺，颇精历代史……及言李林甫，曰：妒贤嫉能，亦无敌也。士淹因启曰：既知如此，陛下何用之久耶？玄宗默然不应。（《唐新语》卷八）

人性在利益面前需要经历一番考验，亲情在权谋斗争中更是岌岌可危。在那时，一个胜出的权谋家首先是割舍亲情的人，在剔除亲情时不能犹豫不决，让权谋归于权谋、亲情归于亲情。李亨舍弃两任妃嫔如此，李隆基更是如此。杜有邻案的深意，充分暴露了这一点。天宝五载冬的长安城，冰冷的不仅是连绵的雨雪，更有寒入骨髓的权谋。

第七章

邵说

当你无法作为，该当如何

一个安史剧官的自我洗白

唐德宗朝，吏部侍郎邵说有望入相。金吾将军裴儆明确反对邵说拜相，认为：“说与史思明父子定君臣之分，居剧官，掌兵柄，亡躯犯顺，前后百战，于贼庭掠名家子女以为婢仆者数十人，剽盗宝货，不知纪极。力屈然后降，朝廷宥以不死，获齿班序，无厚颜，而又遑遑求财，崇饰第宅，附托贵倖，以求大用，不知愧惧，而有得色，其能久乎？”①裴儆提出了两大反对意见：一是邵说贪财奢侈、攀附权贵，但因无实证，难辨真伪；二是历史污点，即邵说在安史之乱期间出任大燕伪政权的“剧官”，掌握兵柄、身经百战，而且掠夺人口财货。这一确凿、严重的历史问题，想必对邵说的仕途造成了沉重打击，邵说最终未能更进一步跻身宰辅行列。

既为“安史剧官”，邵说当在唐史中留有印痕。求诸典籍，邵说仅在新旧唐书中留有篇幅短小的传记，以及若干篇署名文章，与他“剧官”的身份完全不相称。比如，新旧唐书的《邵说传》都对传主的前半生一笔带过：

> 邵说，相州安阳人。举进士，为史思明判官，历事思明、朝义，常掌兵事。朝义之败，说降于军前，郭子仪爱其才，留于幕下。累授长安令、秘书少监，迁吏部侍郎、太子詹事，以才干称。
>
> 邵说，相州安阳人。已擢进士第，未调，陷史思明。逮朝义败，归郭子仪，子仪爱其才，留幕府。迁累长安令、秘书少监。

涉及邵说生平的第三份重要文献为其自书的《让吏部侍郎表》，概括他反正后"再忝柏台，四登郎署，宰理京剧，倅贰秘书"。三份文献对邵说的附逆经历都多有隐晦，都表明邵说之宦途并未受到这段黑历史的影响。邵说"在职以才显"②，延续了中唐文人词臣以才华仕进的路径，平步青云至吏部侍郎。那么，问题来了：邵说这位"安史剧官"于八年叛乱期间到底有何经历，如何作为？他为何能够摆脱附逆叛乱"罪行"的影响，显达于唐廷？邵说的微观人生蕴含着怎样的时代信息，隐藏着何种历史深意？

事实上，在安史之乱时期存在一个类似邵说的官员群体，他们出仕安史政权后又归降唐朝。该群体入唐之后的命运，如何处理两种身份的矛盾，以及社会舆论如何看待他们，尚未得到学界的重视。现有研究有仇鹿鸣所写的《一位"贰臣"的生命史》③。该文以"贰臣"指代邵说群体，通过对《王伾墓志》的考释来陈述唐廷处置陷伪安史臣僚政策的转变。该文虽未直接论述"贰臣"入唐后的命运，但指出当时士大夫舆论普遍同情"贰臣"，显示魏晋以来"先家后国"士族社会的传统影响犹在。

深陷逆贼的进士

邵说为寒族子弟，祖父未仕、父亲邵琼之为殿中侍御史；天宝年进士出身，守选期间（未调任）即遭遇了安史之乱。《让吏部侍郎表》详细陈述了"陷贼"经过：

> 适会老母弃背，服丧河洛。及禄山之至，礼制当终，臣愚不脱缞麻，更逾再岁，而贼中言议，往往纷然。臣惧凶党不容，寓游洛魏，值庆绪奔逼，保于相城，大搜词人，胁为己用。以凶威责臣不至，以驿骑逼臣遂行，与潘炎始陷凶逆。

至德二载（757年）正月，安史政权内讧，安庆绪谋杀父亲安禄山自立。九十月间，唐军先后收复两京，安庆绪仓皇出奔相州（今河南安阳）。其时，邵说在安阳服母丧，在叛军驿骑的"逼迫"之下委身安庆绪阵营。文中"潘炎"以文才闻名于世，后在德宗年间任礼部侍郎。可见当时安庆绪招揽邵说、潘炎等人，当是看重诸人的文采。安史之乱期间，官僚士人"为贼所污者半天下"，有的人在大唐朝廷中郁郁不得志；有的人贪慕大燕政权许诺的荣华富贵；有的人判断天命转移，安燕王朝即将取代李唐王朝，种种考量使得附逆投贼者众多。无论是出于什么考虑，邵说终究选择了加入叛乱阵营。

近年来对安史之乱研究的深入和对唐代人物考释的兴盛，为我们勾勒安史阵营内部的次级群体提供了可能。现有材料表明存在一个包括邵说、王伷、张献诚等人的小团体。安史之乱中期，他们都意图背叛安庆绪、转投史思明；安史之乱后期，他们都反正归降；入唐之后，他们都自述"身在曹营心在汉"，被迫附逆，且暗中破坏叛乱。

安庆绪弑父自立、丢弃洛阳、兵困相州，声望与实力江河日下。"庆绪之奔也，步军不满三千，马军才三四百……至卫州则无人辄见，及至汤阴，分散过半，纵未去者亦止泊相远。庆绪知人心移改，不敢询问。"④雄踞河朔、首鼠两端的史思明在叛军阵营中后来居上。邵说等人便在此时倾向于以史思明取代安庆绪。乾元二年（759 年）初，史思明杀戮安庆绪势力，再次反唐。安史之乱进入第二阶段。邵说在《让吏部侍郎表》自述：

> 遽闻思明款附，燕赵服从，欲取黄沙岭路，因此得归阙下。属思明数万之众，南镇赵州，送臣于范阳，抗疏以闻奏。肃宗特降中旨，授臣左金吾卫骑曹将军，宣恩命示：闻卿远来，可且于思明处憩息。

王伷亦非世族子弟，祖、父仅为州司马、长史；天宝初年中进士后，投身宦海。安史乱发之初，河南道采访使郭纳投降叛军。王伷为其支使，随之投降，参与"宣慰"河北州县。对于安史交替，《王伷墓志》（《唐故太子赞善大夫赐绯鱼袋琅邪王公墓志铭并序》⑤）记载："禄山子庆绪走保相州，又为所胁受职，乃与友人邵说间行诣史思明于幽州。时史思明以所部归降，而公得以投焉。朝廷嘉其忠节，诏拜东宫文学。"

张献诚出身将门，父亲张守珪曾任范阳节度使，对安禄山有知遇之恩。安禄山拜张守珪为义父。张献诚与安禄山的关系自然较为亲近，为后者表请为檀州刺史。叛乱前，安禄山颇为知人善任，提携、笼络了不少人才。这些人或参与安禄山叛乱，或对安禄山感佩在心。《张献诚墓志》（《唐故开府仪同三司检校户部尚书知省事赠太子太师御史大夫邓国公张公墓志铭并序》⑥）撰书于安史之乱后多年，依然明言"时幽州节度使表请为檀州刺史"。对于附逆叛乱一事，墓志曲笔："公所悲侯印犹在虏庭，乃于邺中与王伷、邵说、崔潊等相约而言曰：潜归圣代，贤之之节；耻饮盗泉，高士之志。今请逃于寇难，誓比骨肉。及随肩之时，为追骑所困，遂絷于思明之众也。然肃宗清华夏之岁，思明蓄横猾之谋，有诏遥授公卫尉少卿，旌其善也。"

根据王、张二人墓志可知，他俩和邵说相聚于 757 年岁末至 758 年年初的相州。三段文字都强调了三人归顺朝廷之心（"得归阙下"）。《张献诚墓志》尤其明显，言之凿凿小团体相约"潜归圣代，贤之之节；耻饮盗泉，高士之志"。不过，三人阴差阳错投入史思明阵营的经过，邵说之说较为详细，王、张二人一笔带过。细究其词，大有蹊跷。邵说"欲取黄沙岭路"回归朝廷。"黄沙岭路"为交通河北、山西的太行陉口之一，地处赵州赞皇县。陉口与地名至今仍存。从安阳经黄沙岭路回归朝廷，需要先北上洺州、邢州、赵州，再跨越太行山进入唐军控制的山西地区，反而置向东、向南等更便捷的路径于不顾。结果，邵说、王伷等人在赵州遭遇了领兵南下的史思明，不得不再次"附逆"。

邵说如此舍近求远地"间行"（王伷语）以实现回归朝廷的"夙愿"，最终向北投入了史思明怀抱，令人颇有言行不符之惑，其中为贼所迫的描述（"为追骑所困"）也大为可疑。三个文献对此都选择性无视，转而强调史思明彼时短暂归顺朝廷的事实，以此证明主人公"间接"回归朝廷。比如，邵说的"思明款附，燕赵服从"、王伷的"时史思明以所部归降，而公得以投焉"。对于史思明的横猾之谋、狼子野心，久经政坛的张献诚等人应当心知肚明（"思明蓄横猾之谋"）。他们投身史氏的真相，是为唐肃宗前期严厉惩处"逆官"的政策所震慑，出于利益考虑所做的现实选择。

唐肃宗收复长安之后，"西京文武官陆大钧等陷贼来归，崔器草仪，尽令免冠徒跣，抚膺号泣，以金吾府县人吏围之，于朝谢罪，收付大理京兆府狱系之。

及陈希烈等大臣至者数百人，又令朝堂徒跣如初，令宰相苗晋卿、崔圆、李麟等百僚同视，以为弃辱，宣诏以责之。朝廷又以负罪者众，狱中不容，乃赐杨国忠宅鞫之"⑦。经过宽严政策辩驳之后，朝廷将逆官以六等定罪，"重者刑之于市，次赐自尽，次重杖一百，次三等流、贬"。前三等实质都是死刑，于京兆府门"重杖一百"的罪臣往往杖毙棍下："达奚挚、张㘭、李有孚、刘子英、冉大华二十一人，于京兆府门决重杖死。"陈希烈等七人"自尽"于大理寺，算是恩赐；达奚珣等人在百官围观的目光中斩于独柳树下，体面全无。惩罚有扩大化的趋势，即便未曾出仕伪朝、仅与伪政权有所关联者，也须自首，接受朝廷的甄别；甚至罪及附逆者先人，如"发韩公张仁亶之墓，戮其尸，以张通儒故也"⑧，这也成为张通儒等安史骨干与朝廷顽抗到底的重要原因。

在如此肃杀、敌对的环境之中，邵说等人即使有归降之心，也不得不忧虑自身安危。唐军收复两京之初，叛军人心难免动荡。"唐群臣从安庆绪在邺者，闻广平王赦陈希烈等，皆自悼，恨失身贼庭；及闻希烈等诛，乃止。""会三司议伪官罪状至范阳，思明谓诸将曰：'陈希烈辈皆朝廷大臣，上皇自弃之幸蜀，今犹不免于死，况吾属本从安禄山反乎！'"⑨归顺朝廷的伪魏州刺史萧华坦率告诉唐肃宗："贼中仕官等重为安庆绪所驱，胁至相州，初闻广平王奉宣恩命，释放陈希烈已下，皆相顾曰：'我等国家见待如此，悔恨何及。'及闻崔器议刑太重，众心复摇。"⑩面对长安朝廷血淋淋的屠杀和日益衰败的安庆绪，投靠游离于二者之间的史思明便成了邵说、王伷、张献诚等人最现实的选择。

当然，现实的利益考量不可能明目张胆地出现在奏表与墓志之中。正式文献中三人只能将投靠史思明与归顺朝廷强行关联，并且强调皇帝或朝廷对此种"关联"的认可与褒奖："肃宗特降中旨，授臣左金吾卫骑曹将军，宣恩命示：闻卿远来，可且于思明处憩息""朝廷嘉其忠节，诏拜东宫文学""有诏遥授公卫尉少卿，旌其善也"。邵说三人所列官衔，超越了正常行文习惯，而应理解为一种刻意的突出，为投靠史思明披挂上了一层"合法"的外衣。此种表述与前述邵说等人"被逼""胁迫"接受伪职的逻辑是一脉相承的。事实上，在唐朝中期的职官制度中，藩镇、使臣为幕僚奏授京官已成例行公事。邵说的左金吾卫骑曹将军和王伷的东宫文学、张献诚的卫尉少卿，当为史思明替幕僚集体奏请的虚职，用以序阶、寄禄，体现的是唐中后期"职官的阶官化"，未经朝廷甄别，更与皇帝的肯定、垂爱无关。

❀ 在绝境中如何自证

史思明叛，战火复炽。邵说任史思明判官，为辅理政事的核心幕僚，可惜具体言行无考。王伷在伪政权仕官至中书令；张献诚曾任伪兵部侍郎、伪汴州节度使。

对于伪政权授予的高官厚禄，王伷墓志的解释苍白："公苍黄于戎马之间，不得走去，卒为所执。胡人以专杀为威，而公以死无所益，不若受职而图之。"⑪将接受荣华富贵解释为"忍辱负重"，说服力终究不强。而在《让吏部侍郎表》中，邵说则将效忠史思明之事以"井陉路绝，再陷凶盗"八字掩盖，还声明："思明、朝义负恩之际，臣亦累达款诚。伏蒙肃宗皇帝赐臣敕书云：'卿志士苦心，王臣励节，艺成俎豆，迹陷豺狼。顷年邺中策马归命，出于万死，臣节尤彰，忠诚若兹，不负于国。'"他们三人都在第二阶段的安史之乱中扮演了重要角色，自觉或不自觉地与唐朝为敌。绳之以朝廷律法，三人难免"罪行累累"。对于这一点，他们也有清醒认识。张献诚之子张任的墓志追述其父"初盗发幽蓟，为之胁从，诡输小诚，求彼大任"⑫。文本虽然延续了父辈的话语逻辑，"诡输小诚"四字还是委婉承认了张献诚效忠安史、参与叛乱的事实。

三人的传世文献继续选择性无视，快速将时间轴拉到了安史之乱末期。彼时，史朝义弑父自立、叛党离心离德，呈土崩之势。唐朝在军事优势之外，适时调整了对附逆官员的处置政策。唐肃宗时即停止了清算逆官；宝应元年（762年）五月，唐代宗颁布《代宗即位敕》，宣布"逆贼史朝义已下，有能投降及率众归附者，当超与封赏"。十一月进一步放宽政策："东都、河北应受贼胁从署伪官并伪出身，悉原其罪，一切不问。"[13]如此有矫枉过正之嫌的政策，极大分化瓦解了叛军。邵说反正的主客观条件都具备了。

邵说在《让吏部侍郎表》中"表功"一件："比朝义将败，谋守河阳，臣知回纥利于野战，沮破其计。"此事指的是，战争后期，史朝义有意弃守政治意义远大于军事意义的洛阳，收缩兵力于河阳，改善叛军的处境。邵说故意劝谏史朝义，阻挠了这一计划的施行。这件"功劳"也写入了王伷的墓志："宝应初，大军临东都。思明子朝义将保河阳，决谋于公。公虑其凭险守固，矫陈利害，贼竟奔走，而官军整行。"[14]如果此事属实，邵说、王伷二人称得上是唐军的高级卧底。张献诚墓志更详细地塑造了墓主人的卧底形象："公陷身增叹，无翼高飞，而朝义继逆，疑公携贰，遂污公为兵部侍郎、汴州节度使。虽白刃可胁，岂顾一门；而丹心不移，能怀双阙……公每与从事田偁等仰天望日，裂帛题表，募间道入秦之使，申潜谋破虏之策。"[15]对于常居敌营且无明显作为的附逆之人，忍辱负重、暗通款曲、徐徐图之的卧底是最能逻辑自洽的角色。邵说三人在战后的书写，又不约而同采纳了这一逻辑。

史朝义于洛阳大败，邵说、王伷趁乱降于唐军。邵说拿出唐肃宗所赐敕书谋求脱罪兼仕进，获授延王府功曹参军，并与王伷在宝应二年（763年）六月同时得到唐代宗召见。邵说转述唐代宗说："卿所进状，朕一一已令检勘，卿之诚节，可谓著明。"[16]寻除王伷侍御史、邵说殿中侍御史。职位的差异，当与两人在伪政权中的官位高低有关。作为封疆一方的实权人物，张献诚的反正真正影响了时局："及天兵收洛邑……巨寇（史朝义）奔北而受毙，官军自东而势，公之力也。上嘉其忠亮，授特进，试太常卿，兼汴州刺史，防御等使。"[17]张献诚以中原重镇降于朝廷，逼迫史朝义仓皇北窜，对战局的早日结束产生了积极影响，因此获得的官位也是小团体中最高的。在宝应二年七月唐代宗改元大赦的《册尊号赦文》中，朝廷重申了"应授伪官等，并已昭洗。矜才宥过，宜有甄收，委所繇勘本官名衔资历闻奏，量才处分"的宽大政策，点名褒奖了"李宝臣、薛嵩、田承嗣、张献诚等，各与一子五品官并阶，仍加实封二百户"。邵说、王伷、张献诚三人之中，唯有张献诚对朝廷的"功绩"是确切可查的，并凭此在战后初期与日后的河朔雄藩相提并论。然而，他的反正是穷途末路之际的"自保"，抑或是潜伏多年以后的"起义"，由于缺乏证据难以判断。

在大规模文武官员反正浪潮和朝廷宽大优容的氛围中，安史之乱正式成为了历史。

邵说三人反正回归朝廷后，都飞黄腾达，得以善终。张献诚是三人中职位最高，也是最先离世的，重返唐廷后历任梁州刺史、山南西道节度使、检校工部尚书、剑南东川节度使，检校户部尚书知省事等，大历二年（767 年）九月十五日因风瘅之疾逝于长安光福里，享年 46 岁。王伷后入汾阳王郭子仪幕府，历任河东县令、河东少尹，回朝累升驾部、考功、吏部三郎中，大历十四年（779 年）在太子左赞善大夫任上因风疾终于东都私第，享年 66 岁。

建中初年拜相失败后，建中三年（782 年），邵说受牵连从太子詹事任上贬为归州刺史。《旧唐书·地理志》"山南东道·归州"条载此地"在京师南二千二百六十八里，至东都一千八百四十三里"。以唐律规定使者"马日行七十里"计，从京师长安至归州全程需 34 天，若加上途中其他原因，邵说由长安赴任归州至少需两个月时间，届时已为秋天。建中三年、四年之间，邵说"卒于贬所"，享年不详。

《新唐书》评价张献诚"喜功名""随方制变"。这个评价用在邵说身上，大抵也是成立的。在宏大的历史叙事和荣耀的道德评判之下，官员士大夫们身家谋划这条隐线埋于其中。乱世中功成身退的官员，通常是道德说教和现实利益的权衡高手。

安史之乱不仅改写了大唐王朝的命运，也割裂了身陷其中的士大夫的人生。"附逆"成为邵说等人挥之不去的隐痛，正如邵说自辩"臣顷陷凶逆，大节已亏，虽昔曾献款，而罪难自赎"⑱。然而，他们最终还是成功地在新旧唐书中淡化了附逆经历，并且搬用前述逻辑在墓志、奏表中塑造了被迫出任伪职、对朝廷忠心不渝、反正回归朝堂的忠臣形象。单看传世史籍而不细究文字深意并辅以相关人等的墓志，"安史剧官"邵说极可能隐身于《文艺传》，没入历史的幽深角落。

《新唐书》中的"邵说传"内容要比《旧唐书》丰富一些。增加的内容主要引自邵说的《让吏部侍郎表》。与其说补充了史实，毋宁说保留了邵说的"辩白书"。北宋编修《新唐书》时，距离后晋修史又过去了100多年。北宋史官并未寻觅到新的原始资料，而是采纳100多年来新出的笔记、小说、行状、家谱乃至野史材料。邵说的让表，应该是北宋史官新接触并采纳的。

由于根植唐朝中后期的政治风向，加之新旧唐书史料征集的局限性，邵说最终实现了从"安史剧官"到寻常文官的形象塑造，华丽转身。

注释

① （后晋）刘昫等撰：《旧唐书》，北京：中华书局，1975年。

② （宋）欧阳修、宋祁撰：《新唐书》，北京：中华书局，1975年。

③ 仇鹿鸣：《一位"贰臣"的生命史——〈王伷墓志〉所见唐廷处置陷伪安史臣僚政策的转变》，《文史》2018年第2期。

④ （唐）姚汝能撰，曾贻芬点校：《安禄山事迹》，北京：中华书局，2006年。

⑤ 赵文成、赵君平编：《秦晋豫新出墓志蒐佚续编》，北京：国家图书馆出版社，2015年。

⑥ 周绍良、赵超主编：《唐代墓志汇编续集》，上海：上海古籍出版社，2001年。

⑦ （后晋）刘昫等撰：《旧唐书》，北京：中华书局，1975年。

⑧（唐）姚汝能撰，曾贻芬点校：《安禄山事迹》，北京：中华书局，2006 年。

⑨（宋）司马光编著：《资治通鉴》，北京：中华书局，1956 年。

⑩（后晋）刘昫等撰：《旧唐书》，北京：中华书局，1975 年。

⑪ 赵文成、赵君平编：《秦晋豫新出墓志蒐佚续编》，北京：国家图书馆出版社，2015 年。

⑫ 周绍良、赵超主编：《唐代墓志汇编续集》，上海：上海古籍出版社，2001 年。

⑬ 周勋初等校订：《册府元龟》，南京：凤凰出版社，2006 年。

⑭ 赵文成、赵君平编：《秦晋豫新出墓志蒐佚续编》，北京：国家图书馆出版社，2015 年。

⑮ 周绍良、赵超主编：《唐代墓志汇编续集》，上海：上海古籍出版社，2001 年。

⑯ 周绍良主编：《全唐文新编》第 2 部第 4 册，长春：吉林文史出版社，2000 年。

⑰ 周绍良、赵超主编：《唐代墓志汇编续集》，上海：上海古籍出版社，2001 年。

⑱ 周绍良主编：《全唐文新编》第 2 部第 4 册，长春：吉林文史出版社，2000 年。

第八章

李诵

百日天子和他的梦想

二十六年的"实习皇帝"

唐朝有一个当了 26 年皇太子、登基不到 200 天的皇帝，堪称"百日天子"。他就是唐顺宗——李诵。

李诵于唐代宗上元二年（761 年）正月十二日生于长安，建中元年（780 年）册立为太子，迟至贞元二十一年（805 年）正式继位。登基时，李诵 45 岁，在太子位上待了 25 年了。李诵在皇太子位上等待的时间在唐代是最长的，放在整个古代也是名列前茅的。

《新唐书·顺宗本纪》评价李诵"为人宽仁，喜学艺，善隶书，礼重师傅，见辄先拜"，可见他是一个宽容好学、彬彬有礼的人。同时，李诵又不是安坐深宫的文弱太子，在"奉天之难"期间和父皇唐德宗并肩作战、力挽狂澜，"从幸奉天，贼泚逼迫，常身先禁旅，乘城拒战，督励将士，无不奋激"（《旧唐书·顺宗本纪》）。可以说，李诵是一位素质不错的皇位继承人。

漫长的太子生涯，对李诵的性情造成了不可磨灭的影响。李诵本是一位有家国情怀、有胆量和勇气、希望能振作有为、扭转唐朝衰颓趋势的青年，但他的父皇唐德宗李适是一位在位时间漫长的强势帝王。唐德宗执政早期励精治道，推行了两税法、整顿漕运、削藩等政策，经过奉天之难的重大挫折后，他又猜忌大臣、宠信权奸。唐德宗始终大权独揽，"德宗在位岁久，稍不假权宰相。左右幸臣如裴延龄、李齐运、韦渠牟等，因间用事，刻下取功，而排陷陆贽、张滂辈，人不敢言"。李诵贵为太子，也不便直接发表观点，还要瞅准时机、在父皇高兴的时候才从容论争，最终阻止了裴延龄、韦渠牟入相。这是李诵皇太子生涯的常态——三缄其口，把个人的喜怒哀乐深藏心底，但始终埋藏着一个革故鼎新的梦想。有一次东宫闲谈，太子和侍读属官们畅谈天下政事，涉及一些比较敏感的时政。李诵听到激动处，告诉左右："我准备向父皇直言弊政，以便改正。"其他官员都称赞叫好，唯独翰林待诏王叔文一言不发。等众人都退下后，李诵单独留下王叔文，问他："刚刚为何不说话？"王叔文道："太子的职责乃在于侍膳问安，向皇上尽忠尽孝，不适宜对其他的事品头论足。皇上在位时间长了，如果怀疑太子是在收买人心，那殿下将如何为自己辩解？"李诵恍然大悟，从此对王叔文格外信任，事无大小都委托他谋划。新旧唐书都提到"天下阴受其赐"，一个"阴"字透露了其中的矛盾：李诵一方面明哲保身、时

时处处隐忍，另一方面不时生出政治主张和改革主张。

长期的精神压抑和高度的自我克制，对李诵的身体造成了不可逆转的伤害。贞元二十年（804年）九月，44岁的李诵突然中风，丧失了语言能力。当时唐德宗也身体欠佳，虽然对太子不是太满意，但更担心太子逝世后造成局势动荡。他遍访名医为李诵诊治，但是效果很不理想。皇太子病重的事，很快传遍四方。皇帝和皇太子同时病重，使宫中的政治空气顿时凝滞起来。贞元二十一年（805年）的新春朝会，李诵没有参加，唐德宗悲伤叹息，进一步导致了病情的恶化。

几天后，唐德宗驾崩。李诵几乎与皇位失之交臂。宦官们认为"东宫疾恙方甚""内中商量，所立未定"。大臣卫次公毅然指出："皇太子虽有病，但他是嫡长子，内外系心。如果实在不得已，就立皇太孙广陵王。"其他大臣跟着呼

（唐）周昉，《簪花仕女图》，辽宁省博物馆藏

应，宦官们的阴谋只能作罢。李诵听说噩耗后，竭力支撑着病体，出门视事，进一步压制了反对的声音。《旧唐书·顺宗本纪》对这场"未遂政变"有相对详细的描述：

> 上自二十年九月风病，不能言，暨德宗不豫，诸王亲戚皆侍医药，独上卧病不能侍。德宗弥留，思见太子，涕咽久之。大行发丧，人情震惧。上力疾衰服，见百僚于九仙门。既即位，知社稷有奉，中外始安。

即便瘫痪，也要施政

李诵继位后，立刻掀起了一场政治革新运动。因为瘫痪在床无法正常施政，李诵大胆放权。他重用王叔文，任命他为翰林学士，付以军国重务。王叔文等人大刀阔斧地改革，如禁罢宫市和五坊小儿；刷新吏治，打击酷吏，裁撤冗员；断绝四方贡献，打压跋扈藩镇等。这些措施客观上有利于缓解中唐社会的矛盾，但势必触及多方利益集团，而且政策的密集推出也对政治体制的承受能力提出了巨大的考验。主持改革的王叔文等人却自恃皇帝的支持，独断专行，排斥异己，进一步激化了矛盾。势力强大的宦官集团计划册立广陵王李纯为太子，因顺宗无法正常工作，由太子监国，这将对改革集团釜底抽薪。王叔文集团极力阻挠册立太子，更恶化了与相关势力的敌对关系，也遭致顺宗的不满。

贞元二十一年（805 年）八月，宦官终于成功逼迫李诵退位，禅位于太子李纯。李纯就是唐宪宗，即位后即刻贬逐二王（王伾、王叔文），又将改革集团的韦执谊、刘禹锡、柳宗元、韩泰等八人贬至外州任司马。这场改革史称"永贞革新"，又称"二王八司马事件"。"永贞"的年号是在李诵退位以后才改的。虽然它是只有 146 天的一场革命，却是大唐帝国走向衰亡的转折点①。

退位几个月后，元和元年（806 年）二月，太上皇李诵就病死了，终年46 岁。

关于李诵的死，遇害说由来已久。遇害说认为唐宪宗为了消除后患，杀害了父亲李诵。（之前唐朝的太上皇李渊、李旦、李隆基等退位后都活了多年。）

如今的研究认为，李诵应该是正常死于中风。中风在现代也是顽疾，在千年前的唐代更是重病。作为瘫痪在床两年的病人，李诵之死是合乎情理的。同时，中风属于肢体活动和语言方面的障碍，李诵的精神或智商都没有问题，他对朝野的纠葛和利害应该心知肚明。当时宫廷斗争主要在太子集团与王叔文集团之间进行，李诵始终站在太子一边，顺天应人。反过来，李纯对父亲李诵也是爱敬双奉、忠孝两全的。由此可见，唐顺宗遇害说难以成立②。

❀ 唐代皇室的婚姻自由

　　唐顺宗李诵身上还展现了一个有趣的现象：不计行辈婚姻，即婚姻双方隔着辈分。李诵的太子妃萧氏的母亲是肃宗之女郜国公主，是李诵的姑奶奶。按辈分论，萧氏就是李诵的表姑。李诵迎娶了表姑。李诵的妃嫔王氏，曾是唐代宗的才人。13 岁时，王氏因祖父的战功得以入宫为唐代宗才人。因年龄差距过大，唐代宗将王氏赐给了皇长孙李诵，后来生下唐宪宗李纯。也就是说，王氏曾经是李诵的"奶奶"。

　　唐宪宗李纯的婚姻关系也颇为奇特。贞元九年（793 年），广陵王李纯娶了郭氏为妻。郭氏的祖父是郭子仪，父亲是驸马都尉郭暧，母亲是唐代宗的女儿升平公主。（升平公主与郭暧之间的故事，后人编成了一出《打金枝》的戏剧，流传很广。）这样算来，郭氏与李诵是表兄妹，长李纯一辈。或者说，李纯和父亲一样，娶了表姑为妻。而李诵的长女汉阳公主，下嫁给了郭鏦。郭鏦是郭子仪之孙、郭暧和升平公主的儿子，即汉阳公主嫁给了表叔。李诵的另一个女儿西河公主嫁给了郭暧和升平公主的幼子郭铦，同样嫁给了表叔。

　　考察唐代皇室婚姻，自唐高祖至宪宗的 200 年间，存在大量不计行辈的婚姻。如：唐高祖的女儿桂阳公主、安平公主分别嫁杨师道、杨思敬叔侄；唐高宗娶了父亲唐太宗的才人武则天；唐中宗迎娶了唐高祖女儿安乐公主的女儿、表姑赵氏；唐玄宗抢占了儿媳妇杨玉环；唐玄宗的女儿常芬公主嫁给了张去奢，张去奢的母亲是唐玄宗姨母窦氏，张去奢本人和唐玄宗是一起长大的表兄弟；

唐肃宗的女儿剡国公主又嫁给了窦氏之孙、玄宗表兄弟张去逸的儿子张清。以上是有明确婚姻关系的，未形成婚姻关系的有：宗室李茂逼奸父亲李元礼的妾赵姬；李建成、李元吉与唐高祖的妃子张婕妤、尹德妃私通。另外，唐德宗很喜欢孙子、李诵之子李源，把他收作儿子。李诵、李源这对父子变成了兄弟！

这些不计行辈的婚姻有一个规律：皇族多以下辈嫁上辈，而与皇族联姻的家族多降辈为婚。由于唐室遵循同姓不婚的习俗，因此不计行辈婚都是外姻通婚，从父系社会的观点看属于较远血亲通婚。唐代法律也禁止某些不同辈的婚姻，但唐室这类较远血亲的不同辈婚并不受法律制约。此外，从数量多达19例、正史并不讳言来看，这类不同辈婚也为当时的社会习俗所认可。应当说，这是一种封闭性极强的亲上做亲型婚姻③。

此类婚姻的存在，说明唐代社会宽松自由的一面。与和离、改嫁一样，这种不计行辈的婚姻是两宋以后的女性所不敢奢望的。隋唐宗室脱胎于关陇贵族集团，可溯源至六镇子弟，加上之前魏晋南北朝三四百年的民族融合，唐代社会在一定程度上保留了拓跋鲜卑的原始遗俗。而北方草原民族对婚姻的辈分并不像农耕民族那般苛刻。另外，门阀社会的唐代晚期，婚姻首重阀阅。士大夫首选求婚于门阀士族。差辈婚的社会根源在于门阀制度导致了婚姻范围过于狭小。综上所述，不仅是李唐宗室，一般的士人家庭之间也存在不计行辈的婚姻。或许因为他们的婚姻不如宗室醒目，又或许普通士人的婚配对象更为广泛，所以士大夫人家的差辈婚传世的记载不多。陈寅恪先生在考证白居易的家世时就指出，白居易的父母是异辈为婚，即舅舅娶了外甥女（《白乐天之先祖及后嗣》）。

放眼历史长河，唐顺宗李诵是唐代历史的一个过渡人物。虽然他和儿子李纯存在权力竞争的关系，但唐宪宗李纯很大程度上继承并发扬了李诵未竟的改革事业，开创了"元和中兴"。元和中兴很大程度上实现了永贞革新的目标。李诵泉下有知，应该会备感欣慰。

注释

① 陈琼光:《中唐永贞革新简论》,《广西广播电视大学学报》2002 年第 2 期。

② 张铁夫:《唐顺宗被杀说考辨》,《史学月刊》2003 年第 3 期。

③ 李向群:《唐代皇室婚媾中的不计行辈婚》,《陕西师大学报（哲学社会科学版）》 1989 年第 3 期。

第九章

李绅与吴湘

对人不对事的裁决

人的一生会遇到很多事情，都渴望被公正地对待。关键是秉承"对事不对人"原则，即以事实为准绳，这样各方面都轻松、利益都可以得到保障。但当个人遭遇派系斗争时，往往"对人不对事"。个人在这种情况下是无力的，利益无法得到保障，是非也很难分清。人人都是这种风气的受害者。

❀ 李绅：写下《悯农》的铁面判官

会昌五年（845 年）正月，扬州城最寒冷的时节。

本月，有扬州百姓状告江都县尉吴湘贪赃。在"腰缠十万贯，骑鹤上扬州"的大都市，官员贪赃本不算什么大新闻，谁料想，此案竟然能够延宕反复三四年，在朝野掀起了惊涛骇浪，深刻影响了晚唐政局。千百年之后，仰仗于传世文献的梳理和唐史成果的积累，我们能够大致还原吴湘案的前因后果，进而加深对晚唐政治的认知。

唐代的江都县同时是扬州、淮南道的治所，有关吴湘的诉状很快便摆上了淮南节度使的案头。时任节度使是大名鼎鼎的李绅。两个月前，会昌四年（843 年）十一月，73 岁的李绅因中风罢相，转任淮南节度使。后人印象中的李绅是那位创作"锄禾日当午，汗滴禾下土"的著名诗人，但在他的时代，李绅首先是一个搏击宦海数十载的朝廷重臣。他的执政雷厉风行，为达目的不惜使用严刑峻法，《新唐书》评价他"所至务为威烈，或陷暴刻"。这样的风格，使得在李绅的辖区内，狡吏奸豪隐形遁迹，市面平稳安定。地方大治的同时，李绅个人独断专行，幕僚佐贰平日里只是唯唯诺诺、奉命行事而已。《云溪友议》《太平广记》等文献都记载，扬州城的许多商贾和百姓，适应不了李绅的强人政治，纷纷渡江淮而去。属官报告："户口逃亡不少。"李绅不以为意："汝不见淘麦乎？秀者在下，糠秕随流者不必报来。"①李绅的个性，孤傲刚硬如此。

浏览吴湘案卷后，李绅指派观察判官魏铏审办此案。

百姓控告吴湘"贪污程粮钱"。顾名思义，程粮钱是根据旅程计算粮秣后折算的金钱。扬州作为当时首屈一指的大都市，人烟凑集，商贸往来频繁。东南蕃使回国，扬州官府给"入海程粮"；西北蕃使返回，给"度碛程粮"；至于因公事远行的官吏，官府也计程支付粮食，因粮重不可远致的，则估价给钱。程粮钱本质上是为了促进商贸、方便交通而发放的政府补贴。因为商贸与交通都无法预估准确里程，通常也难以获得回执，此项开支自然不存在明确的预结算。这就给负责官员提供了中饱私囊的机会。考虑到扬州的繁华，当地程粮钱的金额不会太低。吴湘就把手伸向了这笔缺乏监管的款项。

魏铏查明吴湘在贪赃之外，还有"强娶部曲女"的罪状。有一位颜姓女子，父母双亡，与后母沦落扬州。母女俩无依无靠，生活艰难。可叹的是，颜氏偏偏生得一副花容月貌，自然成为他人觊觎的对象。于是发生了吴湘"强娶所部百姓颜悦女"②。为防止地方官在辖区内发生利益关联，影响公平主政，唐律禁止官员婚娶治下女子。吴湘与颜悦女儿的婚姻是违法的，而吴湘大操大办与颜氏的婚礼，恰恰暴露了贪赃的证据。唐代婚姻重视财富，婚俗"问名惟在于窃资，结缡必归于富室。乃有新官之辈，丰财之家……竞相婚媾，多纳货贿，有如贩鬻"。男方需花费不菲的钱财，有"财婚"之名。吴湘作为父母官，迎娶了如花似玉的娇妻，于寻常财婚之外又操办了一场富贵奢华的婚礼。而我们查不到吴湘出身门阀豪强的记载，可见原生家庭资产一般，他本身又只是一名基层县尉，收入菲薄，奢华婚礼的支出来源便十分可疑了。魏铢认定吴湘"来源不明的巨额财产"便是贪污的程粮钱。

　　魏铢调查完毕后，将相关情况呈报节度使李绅定夺。

🀄 当遭遇不公时，人应当如何选择

唐武宗会昌朝，朝廷对犯赃者处罚极严，"赃满千钱者死"[③]，而监守自盗比窃盗加二等处置。《唐律疏议》明确记载："诸监临主守自盗及盗所监临财物者，加凡盗二等，三十匹绞。"吴湘贪赃的具体金额没有流传下来，但一千钱或者三十匹布的死刑标准实在太低了，估计当时贪赃官员都够得上死罪。（事实上，一千钱根本不够操持一场奢华的婚礼。）同时，"诸监临之官，娶所监临女为妾者，杖一百"[④]。吴湘两罪并罚，根据《唐律疏议》记载，"诸二罪以上俱发，以重者论"，李绅接到魏铏呈报案卷后，就判处吴湘死刑。

事情发展至此，还都像是安静的溪流，按部就班，没有丝毫波澜。

唐代死刑判决需要申报朝廷核准。吴湘一案的卷宗送到长安后，仿佛投进了一个说不清道不明的庞大暗箱，迅速脱离了淮南方面的掌控。当时的大唐王朝深陷"牛李党争"的泥潭，牛李二党的官员，党同伐异，彼此针锋相对、水火不容。既分派系，必有党魁。两党魁首分别是牛僧孺和李德裕，二人恩恩怨怨数十年，一人拜相，就排挤另一人，使其出镇地方或搁置闲散。派系成员亦如此，对于接触到的政务，两派不论事实只谈立场，先打听卷宗背后的背景，再权衡自身和涉事人员的立场来判决。

牛李两党的立场分歧，主要体现在施政方略上：牛党出身寒庶，大多通过科举晋身，是科举取士的坚定拥护者；多数李党出身士族，靠门荫跻身朝堂，认为科举士人浮躁，不重视科举。牛党主张默认藩镇割据的现状，对藩帅采取绥靖政策；李党主张从严，限制藩镇势力，打击跋扈不法的节度使。相应地，牛党对外主张和平，不与周边少数民族政权启衅作战；李党主张强硬对外，对敢于挑战唐朝权威的少数民族予以痛击。

唐武宗即位后，重用李德裕。牛党的牛僧孺、杨嗣复、李珏等被贬，李德裕以门下侍郎、同平章事，先后进位司空、司徒、太尉，位极人臣。李党掌权期间，接连取得对回纥和藩镇战争的胜利，李德裕的威望大大提升，开始大权独揽，"常以经纶天下自为，武宗知而能任之，言从计行，是时王室几中兴"。（《新唐书·李德裕传》）唐朝实行集体宰相制度，但李德裕凭借皇权的信任和突出的政绩，"自开成五年冬回纥至天德，至会昌四年八月平泽潞，首尾五年，其筹度机宜，选用将帅，军中书诏，奏请云合，起草指踪，皆独决于德裕，诸相无预焉"。（《旧唐书·李德裕传》）他创作于这一时期的《长安秋夜》诗，张扬着秉忠为国、意气风发的风采：

内宫传诏问戎机，载笔金銮夜始归。
万户千门皆寂寂，月中清露点朝衣。

本案被告吴湘，也不是纯粹的外人，虽然官职太低还没有资格成为派系中坚，但政治光谱严重偏向牛党。吴湘的叔叔吴武陵是牛党成员，曾经冲撞过李德裕的父亲李吉甫。吴武陵，元和二年（807年）进士及第，起家翰林学士，涉猎史学，撰有《十三代史驳议》二十卷。因冲撞李吉甫，吴武陵流配永州，中断了大好前途。唐穆宗长庆初年，吴武陵得以回朝，累官至忠州刺史、韶州刺史。在韶州任上，吴武陵贪赃，被时任宰相李德裕贬为潘州司户，死在了潘州。吴武陵便与李党结下了宿怨。从交友游历方面，吴武陵也倾向牛党。在永州，认识了同样贬官的永州司马柳宗元，二人缔结了终身友谊；吴武陵多次为柳宗元的遭遇疾呼。元和年间用兵平淮西，韩愈为行军司马，吴武陵作《上韩舍人行军书》献平淮西策。韩愈、柳宗元在立场上都倾向牛党。即便没有前辈纠葛，想必朝野也会将吴湘视为牛党中人。如今，吴湘落在了李党人士的手中，朝野自然怀疑案件当中有公报私仇的嫌疑，又是死刑判决，更容易让习惯于不论事实先看立场的官员们怀疑其中有出入人罪[5]。

长安物议纷纭的另一个原因是，初审的淮南节度使李绅也是李党中人，而且与吴武陵的朋友韩愈心存芥蒂。唐穆宗朝，韩愈升任京兆尹，按例应该参拜御史台，称为"台参"。当时主持御史台工作的便是御史中丞李绅。韩愈讨到了免于台参的圣旨，没有参拜李绅。李绅个性倔强，认为韩愈轻视自己。二人爆发了"台参之争"，最终双双罢职。牛党的李逢吉为了结党营私，打击李党，实现自己的大权独揽，利用韩愈与李绅两人性格的弱点及因长庆元年（821年）科试案而产生的芥蒂，制造了这场纷争，将李党的李绅排挤出权力中枢之外[6]。所以，长安官员严重怀疑李绅挟私报复，同时心怀顾望，想用吴湘的死来攀附如日中天的李德裕。

鉴于此案物议纷纭，宰相李德裕不便贸然下定论，就委派监察御史崔元藻、李稠两人前往扬州复审。

崔元藻等经查，认为吴湘盗用程粮钱"罪行属实"，强娶颜悦之女的行为另有隐情。"颜悦本衢州人，尝为青州牙推，妻亦士族，与前狱异。"[7]即颜悦是前任官员，且妻子王氏是士族女子，二人生下的女儿不同于一般的百姓，应该算是门阀后裔，俗称"衣冠户"。《唐令拾遗·户令》规定："其定婚在前，任官居后，及三辅内官、门阀相当情愿者，并不在禁限。"门阀相当为婚不算违律。吴湘与颜氏的婚姻，如果是你情我愿，就不算违法。但是，考虑到颜氏母女飘零扬州，孤苦无依，吴湘又是父母官，这桩婚姻很难说没有强娶。常人之婚姻"诸违律为婚，虽有媒聘，而恐喝娶者，加本罪一等；强娶者，又加一等"[8]，恐喝而娶加一等，即徒一年；强娶加二等，徒一年半；监临官当再加等。所以，即使颜女为衣冠户，如果吴湘是强娶，仍属违律。

崔元藻作为制使，复查时提出与初审不同的意见，属于合理、合法的行为。况且，两位的复审意见不会推翻原审结论。《唐律疏议》允许："虽有出入，于决罚不异者，勿论。"吴湘的死刑根源是贪赃，而不是娶部曲女。崔元藻认定他贪赃属实，吴湘按律就是死罪。

李德裕接到崔、李"无所定夺"的报告，大为光火。他派遣两位御史复审，是为了堵住长安城的悠悠众口，而不是查明案情的细枝末节。理想的状况是，只要复审官重复李绅的结论，李德裕走完死刑流程，就万事大吉了。因此，李德裕挑选了自己派系的人员去主持复审。崔元藻是李党中坚李回的门生、郑亚的下属，仕途受二者提携良多。李德裕满心以为崔元藻会领会自己的意见，不想却节外生枝。《新唐书》描述这个瞬间是"德裕恶元藻持两端"，《旧唐书》和《资治通鉴》则形容李德裕认定崔元藻"无与夺"。即，崔元藻是一株墙头草，通过基本维持原案来向李党交差，又指出颜氏的身份问题来向牛党示好。党同伐异，非黑即白，关键时刻，这种"二五仔"留着何用？会昌五年（845年）二月，崔元藻贬崖州司户，李稠贬汀州司户。崖州在今海南岛，是大唐王朝的极南之地。此去，路途遥遥、沧海茫茫，唐代官员视为畏途。崔元藻的外贬，同判处死刑相差无几。

崔元藻经此一事，对李德裕和李党恨之入骨。李德裕将崔元藻硬生生推到牛党阵营，埋下了巨大隐患。这是后话，暂且不表。

按理，吴湘案在复审中发表不同案情，应由大理寺进行详断。但李德裕强行做主，不交大理寺详断，直接按照李绅的意见，判处吴湘死刑。吴妻颜氏、颜氏继母焦氏受笞刑后释放。李绅令江都县令张弘思派船监送颜氏和吴湘的子女返回老家澧州（今湖南澧县）。

似乎是为了排除隐患，针对崔元藻提出的"衣冠户"问题，李德裕主导在当年正月颁布了《加尊号后郊天赦文》：

或本州百姓，子弟才沾一官，及官满后移住邻州，兼于诸军诸使假职，便称"衣冠户"。广置资产，输税全轻，便免诸色差役，其本乡家业，渐自典卖，以破户籍，所以正税百姓日减，州县色役渐少。从今已后，江淮百姓，非前进士及登科有名闻者，纵因官罢职，居别州寄住，亦不称为"衣冠户"，其差科色役，并同当处百姓流例处分。

此赦文针对江淮地区衣冠户泛滥、影响朝廷税赋而提出，将衣冠户的范围限定在世代豪门世族和"前进士及登科有名闻者"，剥夺了担任过使职、散官、勋官和试官之人的士族身份。吴湘的岳父颜悦所任"青州牙推"，是藩镇节帅委任的低级使职，按照新制度不属于士族。颜氏的衣冠户身份也就无从谈起了。虽然我们不能认定赦文和吴湘案有直接关系，但"在这个时间节点出台政策，不得不令人怀疑其中是否有政治操弄的成分，至少就动机与条件而言，李德裕都是具备的，借皇帝名义发布诏书、平息物议，显然对其立场有利"⑨。

纵观李德裕的上述操作，大体合法，但漏洞多多。第一，律法规定死刑需要复奏，在复按与初审相异时，应再加推详。可李德裕既不复奏，也不付法司详断，就判决吴湘死刑。第二，崔元藻等人提出原审有不实之处，没有过错。李德裕非但不派人重新复查，反而将崔贬斥，以权弄私、打击异己过于明显。第三，《唐律疏议》规定立春以后、秋分以前以及断屠月、禁杀日不得决死刑。吴湘在当年二三月间遭处决，死不得其时。当然，三个漏洞都涉及程序正义问题，无损吴湘贪赃罪有应得的实质。

李德裕干预司法，没有消除物议，反而激起了众怒。谏议大夫柳仲郢、敬晦等人上疏力争，李德裕在唐武宗的支持下，依然处决了吴湘。柳仲郢在唐代的官声很好，执法不阿，敬晦也是奉公守法的人物。李德裕倒是没有为难这两位。

谁是真正的胜利者

一年后，即会昌六年（846 年），唐武宗驾崩，宦官集团拥立皇太叔李忱为帝，史称唐宣宗。

皇权的更迭，动摇了李德裕一党的权力根基。唐宣宗继位时已经 37 岁了，是一位洞察世事的中年人。他能够在穆、敬、文、武四朝安然无恙，全靠忍辱负重、装疯卖傻。"帝外晦而内朗，严重寡言，视瞻特异。幼时宫中以为不慧……历太和、会昌朝，愈事韬晦，群巨游处，未尝有言。"朝野一度以为唐宣宗是智力低下的哑巴。文宗、武宗两个侄子都是肆意妄为之人，怀疑叔叔韬光养晦，在宴集上强诱他说话。戏弄唐宣宗就成了一个保留节目。他始终沉默不言，几任皇帝谓之"光叔"。能够隐忍几十年，注定唐宣宗也是一位心思细腻的强势人物，"及监国之日，哀毁满容，接待群僚，决断庶务，人方见其隐德焉"。即位前后，判若两人。

更要命的是，唐宣宗的政治立场偏向牛党！唐宣宗服膺科举制度，曾经因自己生在帝王家不能参加科举考试而感到遗憾。唐武宗放手权相，唐宣宗却对李德裕专权厌恶至极。即位时，李德裕在太极殿向唐宣宗进奉宝册。仪式结束后，唐宣宗对左右说："向行事近我者，非太尉邪？每顾我，毛发为森竖。"第二天，李德裕外放荆南节度使，被解除了相权。牛党白敏中等人粉墨登场。大中元年（847 年）二月，白敏中唆使李咸弹劾李德裕，又免去其宰相职衔，改任东都留守，再贬潮州司马。

　　派系斗争，牛党并不满足于惯常的贬官，计划置李德裕于死地，铲除李党势力。之前攻击李德裕的理由是擅改宪宗实录等，不足以彻底击垮李德裕。李德裕在会昌年间的政绩有目共睹，给政治对手的把柄并不多。《旧唐书》承认"（李）德裕特承武宗恩顾，委以枢衡。决策论兵，举无遗悔，以身捍难，功流社稷。及昭肃弃天下，不逞之伍，咸害其功"。李德裕留下了丰厚的政治遗产，不是轻易能否定的。

　　物议纷纭的吴湘一案，进入了牛党的视野。此案原本就有分歧，加上处死了一位现任官员，通过翻案可以给李德裕冠上妄杀的罪名。不以命偿命，也足以将李德裕彻底打倒。崔铉、白敏中、令狐绚等新贵在会昌朝久不得志，尤其是崔铉，在策划、怂恿翻案一事上不遗余力。同样的党同伐异、立场先行的味道，崔铉等人一开始就定义吴湘案是"冤案"，然后照着平反冤案的原则去"塑造案件"。

　　前台的演员，都是现成的。崔铉等人先找到了吴湘的哥哥、原永宁县尉吴汝纳。他们引导吴汝纳出头为弟弟申冤："湘素直，为人诬蔑，大校重牢，五木被体，吏至以娶妻资媵结赃。"这一开始就否定了吴湘贪赃的事实。接着说："颜悦故士族，湘罪皆不当死，绅枉杀之。"为了铲除李党集团，崔铉还广为株连，告诉吴汝纳，此狱是郑亚首唱，元寿协李恪锻成，李回便奏。为了进一步激发吴汝纳的不满，他们还扬言："湘死，绅令即瘗，不得归葬。按绅以旧宰相镇一方，恣威权。凡戮有罪，犹待秋分；湘无辜，盛夏被杀。"案子还没有核查，"真相"就已经一清二白了。吴汝纳也是进士擢第，因为吴武陵的缘故仕途停滞，"以不调挟怨"，早就依附了牛党，自然满口应承下来。

　　大中元年（847年）九月，吴汝纳赴阙诉冤。吴汝纳声称弟弟吴湘"被节度使李绅诬奏湘赃罪""湘素直，为人诬蔑，……吏至以娶妻资媵结赃"。⑩在御状中，吴汝纳将矛头对准李德裕、李绅，控诉二人互为表里，欺罔唐武宗，枉杀吴湘，明确要求由原复审官员崔元藻等对辩。唐宣宗下令此案由御史台查实，追回崔元藻复审。

崔元藻早就投入了牛党的怀抱，被召回长安后，对打击李党干劲十足。他在复审时推翻了自己两年前的结论，说吴湘虽然坐赃，但"罪不至死"；颜悦实非百姓，而是士族女子。崔元藻揭发："御史覆狱还，皆对天子别白是非，德裕权轧天下，使不得对，具狱不付有司，但用绅奏而置湘死。"该案当年查清后，李德裕从中作梗，不让他向天子汇报，独断专行，处死了吴湘。他进一步揭发，此狱是郑亚首唱，元寿协李恪锻成，李回便奏。唐宣宗闻报，下令三司详鞫[11]。

大中二年（848年）正月，御史台上奏：

> 据三司推勘吴湘狱，谨具逐人罪状如后：扬州都虞侯卢行立、刘群，于会昌二年五月十四日，于阿颜家喝酒，与阿颜母阿焦同坐。群自拟收阿颜为妻，妄称监军使处分，要阿颜进奉不得嫁人，兼擅令人监守。其阿焦遂于江都县尉吴湘密约，嫁阿颜与湘。刘群与押军牙官李克勋即时遮拦不得，乃令江都百姓论湘取受，节度使李绅追湘下狱，计赃处死。具狱奏闻。朝廷疑其冤，差御史崔元藻往扬州按问，据湘虽有取受，罪不至死。李德裕党附李绅，乃贬元藻岭南，取淮南元申文案，断湘处死。[12]

御史台完全照搬了牛党塑造的案情。奏章说"湘虽有取受，罪不至死"，李绅把吴湘娶妻的财礼诬指为赃款。这就从根本上推翻了吴湘的死罪。在他们的笔下，吴湘案是一起带有若干桃色光彩的冤案。吴湘是拯救颜氏出险的英雄，却不幸倒在了李德裕、李绅的淫威之下。

然而，御史台的奏章是经不起推敲的。第一，时间太早。会昌二年的争风吃醋怎么推迟到会昌五年才爆发？难道颜氏母女俩与军爷们周旋了三年之久？

第二，都虞候和押军牙官是节度使下的重要武官，晚唐时期，煽动兵变、逐杀主帅、自认节度使的都虞候、押军牙官都史有确记。他们在藩镇权力格局中权势远远高于忝列县官末尾的县尉，如果想强娶颜女，还会输给吴湘？吴湘根本无力与都虞候、押军牙官等人对抗。第三，颜氏后母焦氏生活困难，为什么不把女儿嫁给更有权势的刘群、李克勋二人？冒着得罪军队地头蛇的风险，坚决要嫁给官卑职微的吴湘？难道这就是爱情的力量？最后一个问题：御史台为什么节外生枝，牵连众多淮南地方官员？

安史之乱后，大唐朝廷之所以能维持不坠，全靠江淮财赋的支撑。统领江淮的淮南镇的重要性不言而喻。扬州吸纳着四面八方的人群（颜氏母女便是从山东迁来的，衣冠户的争议也出现在江淮），成为东亚最重要的城市之一。可是，淮南镇倾向李党，一定程度上可称是李党的根据地之一。李吉甫、李德裕父子和李绅先后任淮南节度使，在当地根基不浅。牛党要彻底铲除李党，夺回淮南、清洗李党任用的地方官吏便是关键之处。御史台在奏章中诬陷百姓告发是刘、李二人教唆，拉开了惩治扬州官员的序幕。果然，唐宣宗接到报告后，下令将淮南都虞候刘群，淮南推判官魏铆，淮南县典孙贞、高利、钱倚、黄嵩，江都县典沈颁、陈宰，节度押牙、白沙镇遏使傅义，左都虞候卢行立，天长县令张弘思，县典张洙清、陈回，右厢子巡李行璠，典臣金弘举，送吴湘妻女至澧州取受钱物人潘宰，前扬州录事参军李公佐，原推官元寿、吴珙、翁恭等淮南官员，以及太子少保、分司东都李德裕，西川节度使李回，桂管观察使郑亚等李党核心人物"候旨处分"。

三司长官即大理卿卢言、刑部侍郎马植、御史中丞魏扶定性吴湘案为："绅杀无罪，德裕徇成其冤，至为黜御史，罔上不道。"

唐宣宗作为最终的裁决者，难道不知道此案的蹊跷吗？大概率，他是清楚其中利害的。但是，置李德裕于死地符合唐宣宗的目的。他的继位是非常事件，是宦官集团政变的结果。唐武宗病重之时，旬日不能言，突然宫中传出诏书，废皇子而立皇叔。唐宣宗以黑马之资忽受大位，得位不正，如同梦魇一般萦绕在他的心头。宦官集团起初是想扶持一位容易操控的皇帝，便于揽权（却不想唐宣宗是个韬光养晦的强权皇帝），事先并没有告知外朝李德裕集团。唐宣宗害怕以李德裕为首的朝臣发现继位真相后，群起反对。这是唐宣宗藏在内心深处的隐疾。同时，集中在穆宗、敬宗、文宗等朝的朋党相争，其政治基础是弱势君主。唐宣宗不愿意扮演弱势角色，梦想重温贞观之治的荣光，因此必须结束党争。既然李党是深层次的荫蔽的敌人，那就扶持牛党彻底消灭李党。这是唐宣宗的帝王之术，是他对"大中政局的重构"⑬。只有铲除李德裕势力，才能实现上述目标。

当年二月，唐宣宗颁敕曰：

> 李回、郑亚、元寿、魏铏已从别敕处分。李绅起此冤诉，本由不真，今既身殁，无以加刑。粗塞众情，量行削夺，宜追夺三任官告，送刑部注毁。其子孙稽于经义，罚不及嗣，并释放。李德裕先朝委以重权，不务绝其党庇，致使冤苦，直到于今，职尔之由，能无恨叹！昨以李咸所诉，已经远贬。俯全事体，特为从宽，宜准去年敕令处分。张弘思、李公佐卑吏守官，制不由己，不能守正，曲附权臣，各削两任官。……李恪详验款状，蠹害最深，以其多时，须议减等，委京兆府决脊杖十五，配流天德。李克勋欲受阿颜，决脊杖二十，配流硖州。刘群据其款状，合议痛刑，曾效职官，不欲决脊，决臀杖五十，配流岳州。其卢行立及诸典吏，委三司使量罪科放讫闻奏。⑭

李回由剑南西川节度使、检校吏部尚书、同平章事责授湖南观察使；郑崖由御史中丞、桂管防御观察使贬循州刺史；陆浑县令元寿贬韶州司户；殿中侍御史蔡京贬澧州司马。

当时，李德裕跨江渡淮、千里迢迢赴任潮州司马。当年冬天刚到潮阳，又贬崖州司户——也就是三年前他贬斥崔元藻的职位。第二年（大中三年正月），李德裕抵达崖州不久，就病逝了。李绅已经于会昌六年病逝，本不在处分范围内，但是唐宣宗依然让三司给他议定处分。三司比附武则天时代酷吏陷害忠良平民，在李唐复辟后"殁者官爵皆夺，子孙不得进宦"的先例，削李绅三任官、子孙不得出仕。

初审的判官魏铏是整个案件中最可敬的官员。大中初年翻案时，魏铏被捕受刑。官员引导他"诬引德裕"。魏铏自然清楚，只要将矛头对准李德裕，祸水便能转移，不仅能保自身安全，仕途说不定还能更进一步。可是，他坚决不诬指李德裕，即便遭到严刑拷打，痛楚难忍，也始终保持了气节，最终贬吉州司户。

吴湘因贪赃和强娶被杀，大体上是合理合法的，但李德裕、李绅也有因个人恩怨迫害吴氏的成分⑮。唐宣宗、牛党等利用吴湘案执法过程中的失误为吴湘翻案，反转吴湘案是一大冤案，实际目的不过是为迫害李德裕、李绅等找一个借口罢了⑯。事实不重要，是非曲直更可抛弃，只要是立场不同之人，都可以量身定制案情，这是吴湘案背后的逻辑——牛党如此，李党也未尝不如此。朝堂泯灭了是非黑白，"抛开事实不论，此案就办得无懈可击吗""李德裕专权独断，吴湘肯定是冤杀的"等言论甚嚣尘上，目的先行，观点前置，对人不对事。人人都可能是这种风气的受害者，李德裕当年贬崔元藻为崖州司户时，不会料到日后自己会死在任上；牛党人士也不会意识到，一旦唐宣宗心思转变，他们同样会被冠以种种罪名遭到抛弃。总有一款案情在前面等着他们！

在如此肃杀的环境中，"朝廷公卿无为辨者"，大家噤若寒蝉。只有中书舍人崔嘏在草拟诏书时没有尽书李德裕的罪过，贬端州刺史；左拾遗丁柔立上书为李德裕鸣冤，被冠以"阿附"罪名，贬南阳县尉⑰。扳倒李党的两大功臣，吴汝纳擢左拾遗，崔元藻升武功令，数年后都成为显官。

经此一役，李党彻底失败，困扰晚唐的牛李党争宣告终结。牛党貌似笑到了最后，成为最终的赢家。其实，皇权才是最终的赢家。唐宣宗借此实现了大中政局的重构，开始了他的施政生涯。

注释

① 陈磊：《吴湘案的"物议"、复推及其影响》，《史林》2011 年第 6 期。

② （宋）司马光编著：《资治通鉴》，北京：中华书局，1956 年。

③ （宋）欧阳修、宋祁撰：《新唐书》，北京：中华书局，1975 年。

④ （唐）长孙无忌等撰：《唐律疏议》，北京：中华书局，1983 年。

⑤ 出入人罪是"出罪"与"入罪"的合称。中国旧制称审判官吏判有罪者无罪、重罪者轻罪为"出罪"，判无罪者有罪、轻罪者重罪为"入罪"。

⑥ 严正道：《论台参之争与牛李党争》，《石河子大学学报（哲学社会科学版）》2012年第 3 期。

⑦ （宋）司马光编著：《资治通鉴》，北京，中华书局，1956 年。

⑧ （唐）长孙无忌等撰：《唐律疏议》，北京，中华书局，1983 年。

⑨ 周鼎、王玲：《"侨旧相杂"：隋唐扬州的人口、移民与社会——兼论"吴湘案"与"衣冠户"问题》，《扬州文化研究论丛》2023 年第 1 期。

⑩ （宋）欧阳修、宋祁撰：《新唐书》，北京：中华书局，1975 年。

⑪ 详鞫是中国古代司法术语，指的是详细审讯、深入审问。

⑫ （后晋）刘昫等撰：《旧唐书》，北京：中华书局，1975 年。

⑬ 夏威：《吴湘案与唐大中政局的构建》，《巢湖学院学报》2017 年第 4 期。

⑭（后晋）刘昫等撰：《旧唐书》，北京：中华书局，1975 年。

⑮ 李文才：《关于吴湘案的几点考释》，《扬州师院学报（社会科学版）》1995 年第 4 期。

⑯ 黄会奇：《试析“吴湘之案”》，《东南文化》2004 年第 5 期。

⑰（宋）欧阳修、宋祁撰：《新唐书》，北京：中华书局，1975 年。

第十章

崔文龟

一个晚唐家族的败落

❀ 门阀子弟与历史浮沉

大中十二年（858 年）冬，长安城的年轻书生崔文龟病倒了，第二年三月四日吐血弥留，向表兄弟元璐托付后事：

> 予之疾不可为也。前十一月时，赋咏题诗云："惆怅春烟暮，流波亦暗随。"予平生为文匦一笥矣，没后为我编辑之，用此为记。

三天后，崔文龟病逝于"新昌里僦第"，年仅 27 岁。元璐为其撰写墓志，感叹："子之行，子之文，不第不宦，不后不婚。"崔文龟看似一个潦倒早逝、无家无后的落魄书生，实则出身中古时代的顶级门阀——博陵崔氏，家族前辈显宦频出，是一名地道的门阀子弟。他为什么会沦落到如此结局，崔家经历了什么样的变革？这个门阀家庭浮沉的背后，蕴含着什么样的时代背景和历史规律？

门阀士族是中古学界研究的基础问题之一，沉淀了丰硕的学术成果。在理论构建方面，魏晋南北朝时期强盛的门阀贵族政治在唐代持续衰落，至唐末五代彻底退出政治舞台，与"唐宋变革论"相互衔接、相互关照。其中，毛汉光将门阀贵族脱离郡望聚居到京城，依附中央谋求发展的现象称为"中央化"，褪去贵族色彩跳转到职业官僚轨道的变化称为"官僚化"。唐代的门阀势力便是沿着中央化、官僚化的趋势螺旋式发展的[①]。在案例梳理方面，无论是具体家族的世系、房支、婚姻等史实，还是科举、政局等与门阀政治的相互影响，都有持续的成果产出。文有余意、史有遗珠，"在大量具体研究累积的基础上，重归长时段的思考，仍有其意义。对唐代士族及社会构造演变的重新思考有望成为新的突破口"②。崔文龟所代表的博陵崔氏一脉的命运，可以作为窥探唐代门阀士族演变规律的一个窗口。幸运的是，《唐故乡贡进士博陵崔君墓志铭》（崔文龟的墓志）③和新刊布的《唐故尚书都官员□□（外郎）处州刺史博陵崔君墓志铭并序》（其父崔周衡的墓志）④，以及既有成果为我们的探索提供了可行的基础。

❀ 崔氏父子的良好开局

崔周衡、崔文龟父子系出赫赫有名的博陵崔氏，两人的墓志都高调夸耀"崔氏世德，官族耿耀，盛□冠于他姓，著于史册"（崔周衡墓志）、"崔氏世为著姓，为名家，其先博陵人"（崔文龟墓志）。这一点当不是父子二人攀附豪门、仿冒祖先，而是有明确的谱系可以追溯的。

根据墓志记载和现有研究，可将崔周衡的前人追溯至博陵崔氏二房的崔承福。崔承福大约生活在唐高宗时期，曾任太中大夫、左司郎、齐润等五州刺史、越广二府都督，封博陵郡开国公，赠汴州刺史。崔承福生四子，分别为先意、先志、先事、先知。长子一支：崔先意，官居朝议大夫、邓州刺史；子崔巘，官居朝议大夫、郑州长史、赠左散骑常侍；孙崔淙，元和初年工部尚书致仕；曾孙崔杞，娶顺宗女东阳公主，官居兖海沂密观察使。次子一支：崔先志事迹不详，但其长子崔峋官居秘书少监，娶杨贵妃之姊韩国夫人为妻，所生一女为代宗妃。四子崔先知一支事迹不详。

崔周衡出自三子崔先事一支："曾大父□□长史，讳先事。大父太子洗马，讳崟。父湖州司马，赠亳州刺史，讳昶。"崔文龟墓志记载完全相同。综合墓志记载判断，崔先事之子崔昶娶中古另一门阀——京兆韦氏女子为妻，生五子六女。五子中可考的有崔周衡、崔周彦，六女中仅知一女嫁入源自北魏皇族的河南元氏，生崔文龟表兄弟元璐。

崔周衡是崔昶第四子，同样与京兆韦氏联姻，娶翰林学士、户部侍郎韦表微之女为妻。韦表微，隋郿城公韦元礼七世孙，活跃于长庆、宝历政坛，"秩正贰卿，命服金紫，承遇恩渥，盛于一时"（《旧唐书·儒学下》），在敬宗、文宗皇权交替期间一度与宰相之位擦肩而过。虽然没有史料表明崔周衡的母族与妻族出自京兆韦氏的同一房支，考虑到唐代顶级门阀联姻对象固化、婚姻通常亲上加亲，崔周衡母、妻出自同一房支的可能性很大。

通过家世的追溯，我们可知，发展到崔周衡一代，其家庭还笼罩在门阀政治的光芒之下，祖荫未消，祖、父都是王朝的中级官员，在士族圈子内经营着婚姻，编织着人际关系网络。可门第光芒已经不能直接转化为政治权力，唐代士族子弟必须奋战于名利场、追逐权势，保持家族地位于不坠。崔周衡选择的是科举入仕的道路，于大和七年（833年）高中进士，时年43岁。

唐代的进士仅代表官员出身，还需经历漫长的守选、烦琐的吏部铨选，或者通过不定期的制举选拔，才能获得实职。谋职并非易事。安史之乱后，藩镇势力膨胀，分割朝廷用人权，通过入藩镇节帅幕府再迁回朝廷任职成为初入仕途者的终南捷径，士人"多以从诸藩府辟置为重"⑤。崔周衡在高中进士的次年，"中书舍人张公元夫出牧汝南，首用为从事，授弘文馆校书郎"。张元夫出任蔡州（汝南）刺史，启用崔周衡为幕职（从事），并为其奏授了弘文馆校书郎。这符合中唐后士人任职的惯例⑥。校书郎为士人"起家之良选"，崔周衡也没有辜负张元夫的信赖，坚持原则、恪尽职守，使得蔡州的"狡悍者卒不敢黩以事"。第二年（大和九年，835年），崔周衡又获得了擢升。墓志记载："故相国路公出镇金陵，奏君为掌书记转协律郎。"参证《旧唐书·路隋传》可知，当年四月，路隋拜检校尚书右仆射、同中书门下平章事，兼润州刺史、镇海军节度使、浙江西道观察使等。崔周衡的幕职升为掌书记，本官升迁为协律郎。作为仅获得官员资格两年的新人，崔周衡的发展可谓神速。

仕途开局顺利，固然与崔周衡的才能有关，更大的助力还是岳丈韦表微的人际关系。《新唐书·韦表微传》记载了韦表微力主提携路隋的大恩："后与处

（唐）阎立本，《十八学士于志宁书赞卷》（局部），台北"故宫博物院"藏

厚议增选学士，复荐路隋。处厚以诸父事表微，因曰：'隋位崇，入且翁右，奈何？'答曰：'选德进贤，初不计私也。'"出任翰林学士，是路隋仕途发展的关键节点。出镇江南后，路隋投桃报李，反过来提拔韦表微的女婿当在情理之中。赴任途中，路隋病入膏肓，当年七月薨于扬子江之中流。崔周衡力挽狂澜，帮府主料理藩镇后事，"能抗邪谋，全相国始终之节，君之力也"。

　　路隋逝后，崔周衡经历了短暂的"放志林籔，以坟史自娱"的日子，很快又迎来了更大的机遇："故刑部尚书杨公帅左蜀，籍君之名，署为支使，授法寺属官。""杨公"即事后官至刑部尚书的杨汝士，开成元年（836 年）出任东川（左蜀）节度使。崔周衡的使职再升为节度支使，事无巨细，料理妥当，"致杨公奏课之日，功轶群帅者，君之谋也"。完美的家世、出身和连续任职多个幕职，使得崔周衡内召为监察御史，转殿中侍御史、侍御史，岁满除尚书刑部都官员外郎。这一系列岗位的任职时间应该都不长，他很快外任处州刺史。"缙云瓯越之东鄙也，民俗轻诈，号为难理"，崔周衡"变夷獠狙诈之俗，薰为大和。曾未十旬，而功利明著"。天不假年，会昌五年（845年）二月，崔周衡殁于郡舍，享年54岁。

崔周衡并非达官显宦，也谈不上怀才不遇、沉沦下僚，在仕宦履历、施政业绩上都有可称道之处。得益于家世背景，并把握住时代机遇，他成功延续了家族的政治角色、保持了不低的地位。崔周衡有二子，嫡长子便是崔文龟。

崔文龟，大和七年（833年）生，8岁丧母，13岁丧父，与弟弟和三个姐妹由叔父（极可能是崔周彦）抚养长大。崔文龟追逐功名的环境逊于父亲，父母双亡，外祖父韦表微也已去世，叔伯和舅氏似乎还无法依靠，丧失了来自家庭的经济支援和仕途助力。他对仕宦又非常热衷，"谓惟名与爵，其争至矣"，选择了和父亲一样的仕宦道路，希望通过科举入仕。从大中十年（856年）始举进士，连考三年，屡战屡败，直到十二年（858年）病重，生命最终飘散于大中十三年（859年）长安城的春光里。

崔文龟的科举时运不如父亲崔周衡，更不用说仕宦成就了。唐代入仕途径众多，科举之外的一大渠道就是门荫。唐人依据直系前辈的权势和官品，获得官员资格乃至直接为官，称为门荫。这是官员的政治特权，带有浓厚的贵族政治色彩，明显有利于士族子弟。鉴于科举录取者平均每年不过二三十人，门荫入仕者构成唐朝官员群体的主体，但在元和、大中以后越来越不被看重（《新唐书·选举志》）。宪宗朝以后，门荫子弟几乎退出了高级官僚队伍[7]。科举出身者占据了权力金字塔的顶端。文宗朝即有俗语："乡贡进士，不博上州刺史。"[8]有志仕宦者无不奋战考场。崔文龟曾比较过科举与门荫入仕：

> 人能弘道耳，名不足以大已。予苟从门荫调一尉，月有廪禄，可

以奉蒸尝、了嫁遣。此外恣观古人之道，栖心于笔砚间。内与骨肉欢，
外与朋友信，吾尚奔趋于乡里之选乎？

　　这段内心自白包含着丰富的历史信息。首先，崔文龟对门荫似乎有一种渴
望而不可得的艳羡，表明他不具备门荫的资格。门荫以祖、父职事官本品为依
据，尽管崔周衡职事官（处州刺史），为上州刺史、从三品，但本品尚不至五
品。元璐称"我舅处州，郎位而已"，将崔周衡框定在从六品的员外郎阶层，可
做旁证。虽然郎官是清官美职，假如崔周衡有超越五品的散阶，他们父子的墓
志断不会都只字不提。考诸制度条款，崔周衡也不够晋阶至五品的资历。他进
士出身，"进士、明法，甲第，从九品上；乙第，从九品下"（《新唐书·选举
志》），因此其起家散阶为从九品。散阶"劳考进叙"（《旧唐书·职官志》），"凡
居官必四考，四考中中，进年劳一阶叙。每一考，中上进一阶，上下二阶，上
中以上及计考应至五品以上奏而别叙。六品以下迁改不更选及守五品以上官，
年劳岁一叙，给记阶牒。考多者，准考累加"（《新唐书·选举志》）。刬除守选
和中间停顿，崔周衡历官仅约 8 年，且没有破格加阶记录，本品最终或许停留
在八品上下，远不到荫子的标准。
　　第二，入仕方式的变化带来了门阀士族在科场的激烈竞争，其中既有士族
子弟的力学笃行，更有门阀势力对科举公正的侵蚀。中晚唐社会尊崇进士，"士
无贤不肖，耻不以文章达"。元和前后，门阀士族入仕发生了较大变化，从制举
与门荫结合转向以科举进士为主。顶级士族也不例外，比如荥阳郑氏在德宗朝
以后位列宰相的共 12 人，除了郑覃为门荫入仕、郑涯出身不明外，其他 10 人
都是科举进士及第⑨。"进士第成为大士族振兴或延续其家族的重要因素。"⑩入
仕方式的改变带来了激烈的圈内竞争⑪，门阀士族凭借文化、声望、权势等方面
的既有优势排挤寒族、平民，把持科场。崔文龟应试时期，"贡举猥滥，势门子
弟，交相酬酢，寒门俊造，十弃六七"（《旧唐书·王起传》），甚至出现"牓出，

率皆权豪子弟"（《唐语林·方正》）的极端情况。

　　崔文龟是新规则的"失败者"。墓志记载："三岁连黜，识者叹异。君愈精克，未尝有愠色而流竞于时焉。"他的廉明克己和不"流竞于时"可能是品性使然，但不能排斥缺乏家族助力的因素。崔文龟这一支"博陵崔氏"发展到他这一代，孤苦的现状和显赫的先祖形成鲜明的对比。唐代以当朝冠冕衡量士族，高宗朝重修《氏族志》，"以后族为第一等，其余悉以仕唐官品高下为准，凡九等"（《资治通鉴·唐纪十六》），仕唐"得五品官者，皆升士流"（《旧唐书·李义府传》）。毛汉光立足大量案例提炼出"三世五品官"的标准。严格套用这一标准，崔文龟其实已经被"剔除"门阀士族行列了。这种"剔除"体现在科举上就是，崔文龟没能成功行卷、自荐和引起权贵的青睐。

　　晚唐士族子弟的仕进，并非落实一个单面相的制度，而是启动一项多面相的系统工程。个人才学的自身因素与父祖权势、官品、门第等外部因素组成仕宦合力，二者并不互相排斥。这也是士族"官僚化"趋势的一个侧面。崔周衡是在上述合力作用下，自奋于仕途；崔文龟则缺乏这种合力的托衬，孜孜求仕而不得。崔文龟如果有子侄，下一辈仕宦的难度将更大。崔氏此一房支的衰败，便表现于此。

从租房地段看职场地位

崔文龟病逝于长安新昌里所租宅第，相信生前在此居住多时。新昌坊为长安朱雀大街东第五街第八坊，东界郭城东壁，东南出延兴门。作为奋于功名的年轻书生，崔文龟为什么不租赁长安城东北部靠近大明宫和皇权的权贵街区，或者连接东西市的春明门至金光门处的繁华大街，或者朱雀大街南部疏朗幽静、想必租金低廉的坊第⑫，而是新昌坊呢？

崔周衡、崔文龟仕进的时代与牛李党争的时间几乎重叠。牛李两派，党同伐异，形同陌路，乃至在地理空间上表现为党羽之间比邻而居。长安城的新昌坊就是牛党人士的重要据点。牛党领袖牛僧孺居住在新昌坊的西北隅。此外，"新昌杨家"是本坊最显赫的家族，代表人物便是牛党核心人物杨於陵、杨嗣复。新昌坊以北的靖恭坊居住着与杨於陵父子同出弘农杨氏越公房、同为牛党核心的"靖恭杨家"——杨虞卿、杨汝士、杨汉公等。其中，牛僧孺与杨虞卿的宅邸隔街相望，筑有楼阁方便日常联系。新昌坊的著名住户还有牛党阵营的白居易、张仲方、裴向等。因此，说新昌坊是牛党在长安城的大本营，亦不为过。徐畅复原长庆、大和中科举官僚在新昌坊内私人空间的游宴场景与集会活动，揭示牛李党争期间居住空间成为长安城文人官员之间发生社会联系的新纽带，甚至很大程度上左右了他们的政治立场与仕宦前景⑬。崔文龟入住新昌坊，应当有融入牛党、蓄力仕进的政治考量。父亲崔周衡生前便与牛党一派多有勾连，甚至就是牛党人士，为儿子进入牛党大本营打好了基础。

　　崔周衡与牛党多有勾连的史实如下：第一，周家邀请段瓌撰写崔周衡墓志，因为段瓌和崔周衡早在乡贡期间便相识，交谊长达 24 年。两人"尤游且久，而又详其行业"。《新唐书·崔铉传》载："铉所善者郑鲁、杨绍复、段瓌、薛蒙，颇参议论。时语曰：'郑、杨、段、薛，炙手可热；欲得命通，鲁、绍、瓌、蒙。'"崔铉出身博陵崔氏大房，会昌三年（843 年）授中书侍郎、同平章事，不睦于李党党魁李德裕，属于牛党要员。杨绍复则是杨於陵之子。与他们政见一致的段瓌也是牛党人物。第二，首擢崔周衡的恩公张元夫是牛党人物，且与弘农杨氏气息相通。《唐摭言》云："太和中，苏景胤、张元夫为翰林主人，杨汝士与弟虞卿及汉公，尤为文林表式。故后进相谓曰：'欲入举场，先问苏张；苏张犹可，三杨杀我。'"⑪第三，东川藩镇幕府的经历，是崔周衡重要仕宦节点。而提携他的东川节度使杨汝士也是牛党要员，同时是弘农杨氏越公房子弟。综上可见，崔周衡的仕途受益牛党良多，且与牛党一派，尤其是与隶属牛党的弘农杨氏越公房子弟交往密切，定他为牛党人士并不为过。

　　当然，崔周衡的人际关系中也有几位"不和谐"的人物。崔周衡岳父韦表微在翰林学士任上举荐了韦处厚、路隋，后二者都位至宰辅。三人交谊不浅。有研究者认为韦处厚为李党人士，支持这一论断的重要史实有：韦处厚营救李党核心成员李绅，并上《请明察李逢吉朋党疏》攻击牛党结党营私；韦处厚当政后恢复了为牛党精简掉的官僚机构和冗员。可是，韦处厚也上过《代裴度论淮西事宜表》《论裴度不宜摈弃疏》，为倾向牛党的裴度呼吁，支持对藩镇采取强硬态度，同时上《论左降官准旧例量移疏》，对困于党争倾轧的官员寄予同情。综合韦处厚坚持原则、忠于任事的言行，我们可以认为他是一个不牛不李的超然人物，正如他暴毙后"颇协时誉，咸共惜之"（《旧唐书·韦处厚传》）。同样的人物还有崔周衡的另一位恩公——路隋。太和八年（834 年），李德裕连贬至袁州长史，路隋作为宰相，坚决不在奏状上附署。如此看来，路隋站到了李党阵营。其实，和好友韦处厚一样，路隋"藏器韬光，隆污一致，可谓得君子中庸而常居之也"（《旧唐书·路隋传》），当属同样的超然人物，"辅政十年，历牛、李、训、注用事，无所迎将，善保位哉！"（《新唐书·路隋传》）新旧唐书将韦处厚、路隋同列一卷，除了二人皆以文才见长外，应当还有政治立场的一致。

政治人物的派系归属是一件异常复杂的事情，在蔓延 9 世纪上半叶、政潮迭起、错综反复的牛李党争中明确派系更加复杂。并非所有人都是坚定的牛党或李党人士，不少官员采取超然态度，或者存在立场的转变。崔周衡的交际圈自然不可能精准局限在牛党范围内，而是以牛党一派为主、兼及部分超然人物。这并没有淡化他浓厚的牛党色彩。

崔文龟成长的时代，随着牛李两党党魁的相继离世，党争开始退潮，但并未消失。奋战功名的士人尚需仰仗党派的助力，得罪派系的后果非常严重。几乎与崔文龟同一时代的著名诗人李商隐，因为牛党的延誉得以登进士第，又中书判拔萃科，前途一片光明。李党的河阳节度使王茂元辟李商隐为掌书记，奏授侍御史，并招为女婿。"商隐既为茂元从事，宗闵党大薄之……以商隐背恩，尤恶其无行。"（《旧唐书·李商隐传》）之后，李商隐仕途停滞，屡次陈情都得不到同情，"牛、李党人蚩谪商隐，以为诡薄无行，共排笮之"（《新唐书·李商隐传》），终生"名宦不进，坎壈终身"（《旧唐书·李商隐传》）。崔文龟功名未得，更不敢游离于两党之间。

崔文龟应试赶考的唐宣宗大中年间，牛党令狐绹掌握国柄，对前朝唐武宗李德裕主政期间的政策"拨乱反正"，大肆排斥李党人士。李党完全失势，崔文龟必须仰仗和能够仰仗的，只有牛党了。父亲崔周衡遗留的牛党人际关系，尤其是与弘农杨氏的亲密关系，恰好为崔文龟寻求杨氏羽翼、牛党助力奠定了良好的基础。这应该是他在牛党大本营、弘农杨氏根据地新昌坊赁屋而居的核心原因。

崔文龟入住新昌坊的另一个原因可能与外祖父京兆韦氏家族有关。新昌坊还居住着京兆韦氏的韦端、韦缤父子。韦缤官至太子宾客，开成初年逝于新昌坊。韦缤交游广阔，白居易《赠韦七庶子》、刘禹锡《伤韦宾客》都是写给他的。博陵崔氏和京兆韦氏世代联姻，与崔文龟同时代的韦谏，大中十年（856年）逝于长安，"公外族博陵崔氏"，墓志撰写者为小舅子博陵崔谊⑮，可见当时崔韦两族联姻还相当普遍。虽然不能肯定韦缤一支与韦表微一支隶属同一个房支，但与外祖同出一族又交游广阔的高官远亲同坊而居，对于孤苦伶仃的崔文龟而言，多少有所助益。

崔文龟于新昌坊租屋而居，不是随机为之，而是综合家庭资源、当朝政局、政治风气的现实抉择，既是崔家父子"奋于功名"的逻辑延续，也是牛李两派"党同伐异"风潮的反映。

◈ 个人奋斗抵不过家族败落

　　当门第与权力脱钩，门阀士族不可避免地走向衰落，中唐以后在社会变迁、政治风潮、文化演进等多重力量的叠加作用下，这种衰落的趋势无疑大大加速了。博陵崔氏自德宗朝开始衰落，其他顶级门阀也未能幸免：赵郡李氏东房支自唐高祖开始便一直呈衰落势态。清河崔氏的命运略有起伏，自高宗中期至玄宗前期逐渐衰落；玄宗朝中期至肃宗朝有所回升；但代宗朝以后，其仕宦进一步衰落。范阳卢氏在武周后开始衰落，从僖宗朝后期至哀帝时期入仕率有所回升，但并未达到盛时的一半。荥阳郑氏从唐初至德宗朝前期仕宦房支持续减少，入仕率持续降低，中高级官员所占比例继续下降。从德宗朝后期至唐末，荥阳郑氏的中高级官员所占比例较前一代有所提高，但仕宦房支数量达到北朝以来最少，最终完全衰落了。荥阳郑氏的衰落亦代表了其他门阀士族的衰落⑩。

　　为因应形势变化，尤其是应对伴随中央集权加强而来的制度革新，唐代门阀士族或主动或被动地做出改变，以维持家族的权势和政治地位。毛汉光注意到了蕴含其中的"中央化"与"官僚化"两大关键内容。中央化是指门阀士族脱离郡望所在，家族重心由世代所居的乡里转移到两京，在地理空间上聚拢到皇帝周围。这是隋唐开始强化的官员任期制、回避制和漫长的候补、选官等制度塑造的客观结果。崔周衡"归窆于万年县少陵原先墓之侧"，崔文龟"葬于京兆府万年县洪原乡曹村少陵原"，显示他们这一房支已经在长安东部的少陵原形成了家族墓地。士族子弟既非出生在郡望地，也不归葬于斯，与故土的联系日益淡薄。所谓的"博陵崔氏"对于崔文龟而言，仅仅是一个荣耀的名号罢了。

中央化的门阀士族进一步转变为以科举入仕、凭劳考叙进的官僚士大夫。"擢进士第""辟诸使府""自奋于功名"等成为中晚唐士族官僚常见的人生关键词。其中，舍门荫而战科举，是"官僚化"最首要，也是最鲜明的特征。"新昌杨家"起于杨於陵以科举致显宦，定居于新昌坊。他的儿子杨嗣复同样科场高中，在开成年间位至宰相。崔周衡岳父、系出京兆韦氏的韦表微年少时"克苦自立"，著书立说，以科举入仕、以文才立朝。其子韦蟾，"进士登第，咸通末为尚书左丞"。（《旧唐书·儒学下》）崔周衡父子也已经嵌入科举官僚的模子。崔周衡"自知读圣贤书，发为文章"，"既释服，遂游名场"；崔文龟勤学多产，"生平所为古文七十首，赋十首，歌诗八百二十首，书启文志杂述共五十三首。又作《玄居志》十八篇，拟诗人之讽十篇，尚未绝笔"。只可惜科场不利，不为人知。

毛汉光将这些涉足科举维持家族成员的高入仕率，以巩固家族政治地位的门阀士族，称为"官僚家族"⑰。具体到大家族的各方各支，比如崔周衡、崔文龟一支，可谓是"官僚士族家庭"。随着唐代中央化、官僚化趋势不断加剧，官僚家族对皇权表现出高度的依赖性。京城是一座处处彰显皇权、一切围绕皇帝运转的大都市，中央化的官僚家庭栖息在皇权的耀眼光芒之下，郡望与门第的光彩相形见绌。家庭生活也不得不货币化、市场化，脱离了在原聚居地雄厚的物质支撑，逐渐仰仗于朝廷的俸禄与待遇。"长安米贵，居大不易。"为了支撑家族体面的生活，士族子弟们不得不向皇权低头输诚，换取官衔与物资。崔文龟的租屋而居和奔波科场，就是中央化的产物。这不是崔氏一家的境况，韩愈、白居易、杜牧等人也有在长安城或"四处乞食"，或"求郡求禄"的经历。激烈的科举考试、吏部选官的竞争，进一步逼迫昔日的门阀士族深度介入政治斗争，向皇权、势家靠拢。这也加剧了中晚唐的政潮汹涌、党争纷纭。然而，拥抱权力是一把双刃剑。完成中央化和官僚化的官僚家族"习惯于将政治生命和经济生活紧密地与中央、两京结合在一起，他们对中央政权的依赖性是显而易见的，这也使他们更容易受到政治的打击和影响"⑱。

　　崔周衡一家便是这一变革时代的一个样本，在中晚唐政治风浪中搏击的一个典型。崔周衡的仕宦生涯成也党争、败也党争。他进士及第后，迅速得到牛党节帅的辟聘，官职稳步上升。尤其是东川节度使杨汝士对崔周衡的提携，让他得到了政务锻炼，并顺利引起朝廷的注意，内召为京官。入朝后，崔周衡历监察御史、殿中侍御史、侍御史、尚书刑部都官员外郎。考虑到杨汝士开成元年（836年）出镇东川，崔周衡会昌四年（844年）外放处州刺史，其间他保持了一两年一升迁的速度，堪称青云直上。尤需注意的是，彼时崔周衡的官历符合中晚唐理想的官员升迁捷径——"八俊"：

　　　　宦途之士，自进士而历清贵，有八俊者：一曰进士出身，制策不入；二曰校书、正字不入；三曰畿尉不入；四曰监察御史、殿中丞不入；五曰拾遗、补阙不入；六曰员外郎、郎中不入；七曰中书舍人、给事中不入；八曰中书侍郎、中书令不入。言此八者尤为俊捷，直登宰相，不要历余官也。⑲

　　此宦途八俊路径是从众多仕宦成功者的履历中归纳总结而来的，并大抵从大历、建中年间开始成为普遍的社会价值认同⑳。崔周衡成功地踩踏在第六阶段，离成为皇帝近臣、操草诏（中书舍人）、封驳（给事中）近在咫尺，日后拜相（中书侍郎、中书令）亦未可知。据墓志描述，崔周衡在御史台任职期间，"抉奸持法，无所畏避，连鞫大狱，咸造于理"，政绩可谓斐然，为日后升迁打好了基础。出人意料的是，新任都官员外郎不久，崔周衡却"出守缙云郡"，外放江南处州刺史。除少数辅、雄、望、紧州郡外，唐代郎官外放州郡，实质是左迁。处州（今浙江丽水）远离长安数千里，当时尚不算繁华，刺史自然不是好缺。年代略早的永贞革新失败后，陈谏外放西邻处州的台州司马，便是作为对罪臣的处分。那么，是什么原因让一个政坛的明日之星，突然折戟沉沙，贬谪海越东瓯了呢？

崔周衡是牛李两党倾轧的牺牲品。他在朝为官期间，文宗驾崩，武宗即位，人事更迭，政策转向。开成五年（840年）正月，唐武宗即位，七月召李德裕入朝，九月授他为门下侍郎、同平章事。李党开始了长达五年左右的掌权期，并有意识地清理牛党人士。作为牛党新进，又占据美职要缺的崔周衡，自然就成了李党排挤的对象。他列居朝堂的最后岁月，困于党争，应该过得并不舒心。同为牛党人士的段瓖在崔周衡墓志中写道："君刚毅洁白，当官不阿"，"虽权幸之徒，虎视狼攫，阴欲移其志而终不可夺"。当属春秋笔法，意有所指，可惜后人已经无法确知当日的明争暗斗。对于崔周衡的贬谪，"求端之士，咸惜其去"。崔周衡自己却淡然说道："焉有仕至二千石而不满其志耶？"他洒脱地赴任去了，"笑以即路"。崔周衡的"满"与"笑"或许是迫于无奈的乐观，也可能是如释重负的解脱。

崔文龟困于党争，虽不如乃父那般剧烈，但"寒困羁独，室有未配"的落魄与他没能协调好与权贵的关系、跳出牛李党争的羁绊有莫大的关系。崔文龟是一个聪慧敏锐的年轻人，墓志所载他病重前所作"惆怅春烟暮，流波亦暗随"一诗，透露出他对于世事的洞察、对于人生的感伤。元璐在墓志中感叹："我舅处州，郎位而已。德如是，报如是，君今如是，则积善之应，又何言耶？"包含着对舅舅、表兄生不逢时、不显于世的感慨。崔周衡一家是中晚唐宦海奔波的众多官僚士族家庭之一。崔家主动适应社会变迁，调试仕宦道路，力图保持门楣，可惜犹如大江大河中的一叶小舟，为政治风潮所裹挟，最终落魄潦倒，不知所终。

当中古前期的门阀士族开始转变为官僚家族之时，失败的命运便不可逆转了。虽然对于门阀士族的概念认定众说纷纭，但这一概念的底层逻辑之一是独立性，对于天然带有集权倾向和排他性的皇权所保持的独立性。故土的家产和人力资源奠定士族独立的物质底气，门第与权力的旋转门设计保障了士族的政治地位，深厚的家学和文化传承则塑造了门阀的影响力。隋唐以来，科举取士、人事权统一等制度釜底抽薪，抽空了门阀士族的独立根基。士族子弟只能转变为职业官僚。而官僚的本质是依附，依附于皇权，无论是权力还是待遇都仰仗皇权的赐予。他们缺乏独立性，通过效忠、效力于皇权才能得以生存。中晚唐门阀士族的官僚家族化恰恰是本体衰落的外在表现，也是根源。二者相互交缠，牵引着门阀士族不断沉沦。尽管有少数官僚家族借由官僚化在一定时期内维持住了门第与影响力，但官僚不能世袭，他们的权势与富贵终究是有期限的，更毋宁说绝大多数士族子弟，如崔周衡、崔文龟一支，是在官僚化过程中这般失败退场的。

崔周衡的家史，清晰展现了中古精英阶层"士族—官僚—个体"的变动轨迹。从"官僚家族"到"官僚士族家庭"是这条轨迹的后期片段。至宋代，崔、卢、李、郑等顶级士族的后裔再不能以门阀相矜了。

士族官僚化是门阀势力的回光返照，是门阀势力的绝唱。我们不否认其中出现了一些成就斐然的家族，但更应注意到的是，崔氏父子的经历，才代表了历史发展的主流。当"士族"与"官僚"这一对天然排斥的概念硬生生地融合在一起时，在皇帝集权、藩镇割据和唐末农民起义等外部的有力"助攻"之下，官僚没有悬念地战胜了士族。

将中晚唐官僚家族在政治风潮中的凋零，放置在更长的时间线上观察。"官僚家族"概念在唐宋是形同而实不同的。虽然都是通过科举起家的职业官僚，看似是一个事物的发展与普及，但宋代的官僚家族并无明确的门阀谱系可以追溯，并且将注意力转向地方，偏重于对地方社会网络的经营。他们通过积累经济资源，为子弟提供了充分的教育资源，创造出有利的发展环境，以维持家族在科举竞争中的优势，应对动荡起伏的政治形势和局面，保存家族的实力和再起的机会㉑。这或许是他们从中晚唐的前辈那里学到的历史教训，并传递给了元明清的科举官僚家族。

　　中晚唐的官僚家族，是一种历史发展的中间形态，注定在政治风潮中失败退场，并演化为两宋之后的科举官僚家族。从这个角度而言，崔周衡的家史仅仅是中晚唐历史的化石，是门阀士族最终衰落的证据。

注释

① 毛汉光：《中国中古社会史论》，上海：上海书店，2002 年。

② 仇鹿鸣：《失焦：历史分期论争与中文世界的士族研究》，《文史哲》2018 年第 6 期。

③ 胡戟、荣新江主编：《大唐西市博物馆藏墓志》，北京：北京大学出版社，2012 年。

④ 刘文、杜镇编著：《陕西新见唐朝墓志》，西安：三秦出版社，2022 年。

⑤（南宋）洪迈撰：《容斋续笔》，上海：上海古籍出版社，1978 年。

⑥［马来］赖瑞和：《唐代基层文官》，北京：中华书局，2008 年。

⑦ 孙俊：《唐代门荫制度诸问题再探讨》，《西北大学学报（哲学社会科学版）》2015 年第 6 期。

⑧（明）冯梦龙评纂，孙大鹏点校：《太平广记钞》第 2 册，武汉：崇文书局，2019 年。

⑨ 杨艳敏：《隋唐荥阳郑氏的衰落问题研究——以房系、仕宦和政风为对象的考察》，河北大学硕士学位论文，2016 年。

⑩ 毛汉光：《中国中古社会史论》，上海：上海书店，2002 年。

⑪ 张葳：《唐中后期的官僚家族与科举——对孙逖家族的一种考察》，《江西社会科

学》2015 年第 6 期。

⑫ 宿白：《隋唐长安城和洛阳城》，《考古》1978 年第 6 期。

⑬ 徐畅：《白居易与新昌杨家——兼论唐中后期都城官僚交往中的同坊之谊》，《中华文史论丛》2021 年第 4 期。

⑭（五代）王定保：《唐摭言》，上海：中华书局，1969 年。

⑮ 胡戟：《珍稀墓志百品》，西安：陕西师范大学出版社，2016 年。

⑯ 杨艳敏：《隋唐荥阳郑氏的衰落问题研究——以房系、仕宦和政风为对象的考察》，河北大学硕士学位论文，2016 年。

⑰ 毛汉光：《中国中古社会史论》，上海：上海书店，2002 年。

⑱ 张葳：《唐中后期的官僚家族与科举——对孙逖家族的一种考察》，《江西社会科学》2015 年第 6 期。

⑲（唐）封演撰，赵贞信校注：《封氏闻见录》，北京：中华书局，2005 年。

⑳ 刘后滨：《宦途八俊：中晚唐精英的仕宦认同及其制度路径》，《北京大学学报（哲学社会科学版）》2019 年第 6 期。

㉑ 黄宽重：《科举社会下家族的发展与转变》，《唐研究》第 11 卷，北京：北京大学出版社，2005 年。

第十一章

《放妻书》——唐人婚姻状态调查

🏵 一别两宽，各生欢喜

20 世纪 90 年代，学者从敦煌莫高窟出土的大量古代文献中整理出 12 件唐代至北宋初期的协议离婚文书，统一命名为《放妻书》展开研究。经过 30 年左右的沉寂，《放妻书》话题开始在自媒体时代的网络上爆红。这批来自 1000 多年前的敦煌文书，因为清雅通俗的文字、饱含释怀与祝福的情感，穿越时空，击中了现代人的心房。"一别两宽、各生欢喜"一句更成为网络金句。

我们一起来看看知名度最高的一篇《放妻书》：

> 盖以伉俪情深，夫妇义重，幽怀合卺之欢，须□同牢之乐。夫妻相对，恰似鸳鸯，双飞并膝，花颜共坐。两德之美，恩爱极重。二体一心，死同棺椁于坟下。三载结缘，则夫妇相和。三年有怨，则来作仇隙。今已不和，想是前世怨家。眲目生怨，作为后代增嫉，缘业不遂，因此聚会六亲，夫□妻□，具名书之。□归一别，相隔之后，更选重官双职之夫，弄影庭前，美逞琴瑟合韵之态。解怨舍结，更莫相谈。三年衣粮，便献柔仪。伏愿娘子千秋万岁。时次 × 年 × 月 × 日

这篇《放妻书》情意绵绵，有着超乎时代、放在 1000 多年以后都不落伍的内涵。它拥有《放妻书》惯常的行文格式，先是陈述婚姻的理想状态，夫妻似鸳鸯双宿双栖，同心同生共死；接着说夫妻不和，矛盾积累，反目生嫌，恶化

（唐）韩休墓壁画（局部），陕西历史博物馆藏

到犹如仇人；最后在旁人的见证下，双方友好分手，丈夫祝福妻子尽快走出离婚阴影，"解怨舍结，更莫相谈"，祝愿前妻"更选重官双职之夫，弄影庭前，美逞琴瑟合韵之态"，"伏愿娘子千秋万岁"。文书的男主人憧憬美好的婚姻，尽管拥有一段不愉快的人生经历，依然尊重、体谅前妻，给予经济赔偿（三年衣粮），奉上真挚的祝福，尚且算得上是一位好男人。这封文书，与其说是一份离婚书，某种程度上更像是一封情书。

❖ "放夫书"：唐人离婚自由吗

网络舆论对《放妻书》的热议，聚焦在唐代离婚的"自由"，尤其是当时的女性可以和平地解除一段不良的婚姻。这种自由是两宋以后的古代女性难以奢望的。有网友认为，这是唐代社会开放自由、唐代妇女地位较高的又一例证。甚至在这批文书中，还有一份披着《放妻书》外衣的"放夫书"：

> 盖闻夫天妇地，结因于三世之中。男阳女阴，纳婚于六礼之下。理贵恩义深极，贪爱因浓。生前相守抱白头，死后便同于黄土。何期二情称怨，互角争多，无秦晋之同欢，有参辰之别恨，偿了赤索非系，树阴莫同。宿世怨家，今相遇会。只是妻□敲不肯聚遂，家资须却少多，家活渐渐存活不得。今亲姻村巷等与妻阿孟对众平论，判分离别。遣夫主富盈讫，自后夫则任委贤央，同劳延不死之龙，妻则再嫁，良媒合卺契长生□□虑却后忘有搅扰，贤圣证之，但于万劫千生常处□□之趣，恐后无信，勒此文凭。昭迹示□用为验约。

上引文书的男女主人公分别是富盈、阿孟。通常的婚姻是女性入住男方家庭，离婚后妻子离开夫家。但这一桩离婚，却是"亲姻村巷等与妻阿孟对众平论，判分离别，遣夫主富盈"，丈夫富盈离婚后要离开前妻阿孟家。就连双方的祝福，也是先夫后妻："自后夫则任委贤央，同劳延不死之龙，妻则再嫁，良媒合卺契长生。"富盈应该是入赘阿孟家，进一步表明了阿孟真实地位之高。那么，《放妻书》是否可以证明唐代存在离婚自由？唐代妇女能在婚姻中拥有较高的地位，把握自己的幸福吗？

依据离婚原因的不同，唐代的离婚可以分为三大类。第一大类是"义绝"。夫妻凡发现存在"义绝"和"违律结婚"情形的，强制离婚。比如，拥有血海深仇的、违背伦理道德的夫妻，官府认定婚姻无效，必须离婚。这类离婚比较少见，不展开论述。

第二大类是最常见的"出妻"，即丈夫单方面解除婚姻关系，将妻子休回娘家。当然，丈夫不能无缘无故出妻，而是需要妻子的行为符合"七出"标准：无子、淫佚、不事姑舅、口舌、盗窃、妒忌、有恶疾。七出中除了中间五种（淫荡、不孝、搬弄是非、盗窃、嫉妒）是古今都不能接受的恶行，古代婚姻的主要目的是诞育子嗣，"无子"便构成休妻的硬性理由；"有恶疾"在当代不仅不能解除婚姻，而且应当全力治疗。但在古代，主持祭祀是妻子的法定权利，也是她的义务。身染恶疾的女性无法操持家族祭祀，也构成了休妻的理由。

为了平衡"七出"赋予男性在婚姻中的绝对优势权力，法律设置了限制条件，即"三不去"。《大戴礼记·本命》记载："妇有三不去：有所娶无所归（无娘家可归的），不去；与更三年丧（曾为公婆守孝三年的），不去；前贫贱后富贵，不去。"凡有"三不去"条件之一的，妻子即便构成"七出"的情况，丈夫也不得出妻。丈夫执意出妻有罪，《唐律疏议·户婚》规定"杖一百，追还合。若犯恶疾及奸者，不用此律"。在实际中，除非女方染有恶疾或犯奸，丈夫很难顺利出妻。唐律规定："妻年五十以上无子，听立庶以长，即是四十九以下无子，未合出之。"唐代女性 50 岁以下不能因"无子"而遭休弃，可人到 50 岁，很少没有为公公婆婆守孝三年的。同时，古人三十嫁娶五十服官政，通常也构成了"前贫贱后富贵"的不去条件。所以，虽然有七出法律，但男方在实际中很难操作[①]，妇女的权益便得到了保护。

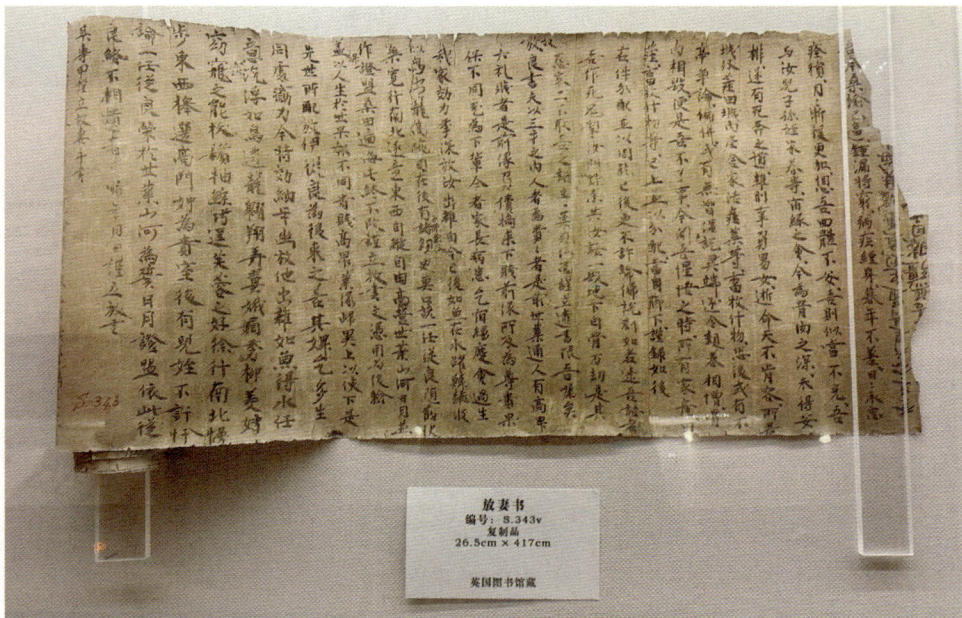

（唐）《放妻书》，英国图书馆藏

　　第三大类是"和离"，即"若夫妻不相安谐而和离"，协议离婚。敦煌《放妻书》便是"和离"的文书。现存最早有关和离的律条载于《唐律疏议》，已经有相当完备的解释，说明在唐代婚姻中和离制度已正式确立②。既然是协议离婚，女性就拥有可以与男性抗衡的权利。综上所述，唐代妇女在离婚事件中拥有较大的权利，地位似乎不逊于男性。

❀ 唐代女性的社会地位

《放妻书》也好，法律规定也罢，建构出来的女性自由似乎空间宽广，但这种印象很大程度上是后人建立在对明清女性地位的对比之上的，并加上了若干女性主义的想象。考诸史实并结合逻辑推演，唐代女性在离婚中远谈不上自由。

首先，唐代婚姻和当时的社会一样，是男子本位。男性在离婚事件中掌握完全的主导权。对女性自由的讨论要在上述现实的基础之上展开，否则都是一厢情愿式的想当然。

家庭是社会的细胞，法律保障家庭的稳定，并不提倡离婚。《唐律疏议》直言："伉俪之道，义期同穴，一与之齐，终身不改。"③《放妻书》也通常强调"鸳鸯双飞，二体一心，生同床枕于寝间，死同棺椁于坟下"之类内容。对于妇女主动的、单方面的离异，法律是严惩的："妇人从夫，无自专之道。……若有心乖唱和，意在分离，背夫擅行，有怀他志，妻妾合徒二年。"由此可见，女性只有在丈夫同意的情况下才能启动离婚，而不像男子那样拥有弃妻权。

所谓的和离，无论是男女双方多么迫切要摆脱婚姻还是女方强势地"放夫"，呈现出来的形式始终是男子单方面的离婚，这与古代中国社会的男子本位逻辑是一脉相承的。一个"放"字蕴含着男性的主动权，剥夺了女性挣脱痛苦、寻求幸福的权利。当然了，和两宋及以后礼教提倡女子守节、从一而终相比，敦煌《放妻书》多少赋予了唐代女性的离婚权，承认了女性的觉醒和追求幸福的权利。《放妻书》还暗含对再婚的鼓励，祝福离异女性早日找到真正的幸福。

（唐）周昉，《内人双陆图》（局部），美国弗利尔美术馆藏

这在两宋以后是不可能公之于众的。所以，唐代女性的自由比上不足比下有余。女性地位在唐代达到了一个高峰，遗憾的是高峰之后走向了衰落。

其次，婚姻在任何时代都不是单纯的情感事件，而是夹杂着物质、利益等诸多因素的权衡结果。经济考量是离婚的重要因素，在唐代也不例外。考虑到女性在经济生活中处于绝对劣势，她们在离婚过程中也毫无优势。她们所抗争的，不是离婚主导权，而是经济利益。

在敦煌《放妻书》中，可以看到家庭经济状况的恶化几乎成了离婚的主要原因，而且妻方似乎占据了主动的地位；但由于这样的做法有违于"夫妻之义"，所以即使是在边陲之地，也遵循户婚律，强调"夫妻之义"，并回避以书面方式议论这种关联，尽管实际上这种离婚契约订立的主要目的，可能是出于避免财产争讼④。在被认为是"放夫书"的文本中，夫妻离婚的理由便明确书写为"家资须却少多，家活渐渐存活不得"。而《放妻书》直书的"所有物色书之""夫与妻物色具各书之"，即离婚时男方应归还女方陪嫁之物；并有"三年衣粮，便献柔仪"等语，即男方要给女方一定的扶养费。

经济纠纷似乎在唐代离婚事件中并不少见。比如，户部尚书李元素因出妻免官，便缘起不付扶养费：

> 初，元素再娶妻王氏，石泉公方庆之孙，性柔弱，元素为郎官时娶之，甚礼重，及贵，溺情仆妾，遂薄之。且又无子，而前妻之子已长，无良，元素寝疾昏惑，听谮遂出之，给与非厚。妻族上诉，乃诏曰："李元素病中上表，恳切披陈，云'妻王氏，礼义殊乖，愿与离绝'。初谓素有丑行，不能显言，以其大官之家，所以令自处置。访闻不曾告报妻族，亦无明过可书，盖是中情不和，遂至于此。胁以王命，当日遣归，给送之间，又至单薄。不唯王氏受辱，实亦朝情悉惊。如此理家，合当惩责。宜停官，仍令与王氏钱物，通所奏数满五千贯。"（《旧唐书·李元素传》）

皇帝给李元素指定的扶养费是五千贯，大致相当于当时顶级富商一年的高收入。当然，李元素最大的损失还是仕途的终结。

最后，留下文书的当事人，大抵是那个时代的上层。道德和法律的光芒，透过社会各阶层后越来越黯淡，照射到社会底层的亮光已经微乎其微了。上一个例子中李元素妻子王氏之所以能得到高昂补偿，得益于她出身大士族琅琊王氏，有强大的社会力量和资源可以利用。难以计数的底层女性，她们的人生列表中最核心的事项是生存下去。生存压力已经耗尽了她们的时间、精力和生命的光彩，婚姻概念、夫妻忠诚、道德文章甚至夫妻大义都可以为"活下去"让路。因此，唐律中有关婚姻的条款想必并未在底层得到贯彻执行，没有登记的事实婚姻普遍存在，随意的分分合合普遍存在。此外，男子娶亲的成本，以及妇女独立生活的艰难，都给底层的婚姻加上了一层牢固的防护罩。敦煌《放妻书》，体现的是河西地区上层家庭的行为规范和婚姻状况，并不代表广大的妇女，自然不能得出唐代妇女享有离婚自由的结论。

当然，我们也不能否定唐代妇女的社会自由度。任何社会事件都是复杂的，具有广泛关联性和利益纠葛的婚姻更是复杂的综合体。从一对对男男女女的悲欢离合中，我们可以看到一个时代斑驳的光影。下面举一个中唐离婚事件来说明。

> 颜真卿为抚州刺史，邑人有杨志坚者，嗜学而居贫，乡人未之知也。其妻以资给不充，索书求离。志坚以诗送之曰："当年立志早从师，今日翻成鬓有丝。落托自知求事晚，蹉跎甘道出身迟。金钗任意撩新发，鸾镜从他别画眉。此去便同行路客，相逢即是下山时。"其妻持诗，诣州公牒，以求别适。真卿判其牍曰："杨志坚早亲儒教，颇负诗名。心虽慕于高科，身未沾于寸禄。愚妻睹其未遇，曾不少留。靡追冀缺之妻，赞成好事；专学买臣之妇，厌弃良人。污辱乡闾，伤败风教，若无惩诫，孰遏浮嚣？妻可笞二十，任自改嫁。杨志坚秀才，饷粟帛，仍署随军。"四远闻之，无不悦服。自是江表妇人，无敢弃其夫者。（《云溪友议》）

杨志坚妻子嫌贫爱富，因丈夫"资给不充"而心生离意，并且拿着丈夫表达同意的诗句去官府备案。这表明当时抚州一代女性拥有相当程度的离婚自由。可是，杨妻提出离婚，依然需要得到丈夫的同意（索书求离），更是在丈夫同意后遭到了刺史大人以伤风败俗为由的刑罚（笞二十），说明这种自由是受到限制和打压的。再一次的反转是，尽管刺史厌恶杨妻的行为，也只是打了板子，结果是"任自改嫁"。受刑后的杨妻最终达到了目的。这似乎可以说明当时妇女离婚、改嫁并非罕见，离异妇女的改嫁权利也是得到尊重的，敦煌文书中也有"新妇乃索离书，废我别可嫁曾，夫婿翁婆闻色道离书"的记载（《敦煌掇琐》）。接着第三层反转来了，刺史颜真卿通过惩罚杨妻、提携杨志坚，表达了对女性离异鲜明的反对态度，结果"自是江表妇人，无敢弃其夫者"。妇女权益受到了打压。尽管自唐以后直至清代，和离都载在朝廷律法之中，说明这种自由是存在社会需求、符合人群心理的，但女性的离婚自由却越来越狭窄了。

　　"一别两宽、各生欢喜"的美好，亦真亦幻，盛开在唐代女性地位高峰的敦煌文书中，之后便没入历史的黄沙之中了。

注释

① 张国刚：《"立家之道，闺室为重"——论唐代家庭生活中的夫妻关系》，《清华大学学报（哲学社会科学版）》2008 年第 1 期。

② 张艳云：《从敦煌〈放妻书〉看唐代婚姻中的和离制度》，《敦煌研究》1999 年第 2 期。

③（唐）长孙无忌等撰：《唐律疏议》，北京：中华书局，1983 年。

④ 刘文锁：《说一件佉卢文离婚契》，《西域研究》2005 年第 3 期。

第十二章

唐人的寿命和延迟退休

古人能活多少岁

古代中国人的平均寿命是多少？这是古代史领域的一个基础问题，是做出其他判断的重要前提。由于史料阙如，数据极不完备，这又是一个极难回答的问题。我们能做的，就是在既有研究成果的基础上，尽可能合理推断接近古代人平均寿命的准确数值。

学界关注此问题已久。可以查到的、直接回答这个问题的最早文献是林万孝的研究，其得出历代中国人的平均寿命分别为：夏、商时期不超过18岁，周、秦大约20岁，汉代22岁，唐代27岁，宋代30岁，清代33岁，民国时期大约是35岁[①]。时间越往后推，中国人的寿命越长。可惜林万孝没有展开详细论述，观点值得商榷。

现有成果更多研究的是在具体时间段的人的寿命。李燕捷通过对2944例样本的统计，得出唐人平均死亡年龄为57.55岁[②]。2000年前夕，随着墓志的大批量涌现，蒋爱花整理了墓志中5053例死亡年龄样本，其中3187例男性样本，1852例女性样本，还有14例样本无法确定性别，得出5039例样本的平均死亡年龄为59.2276岁；如果加上14例未定性别的样本，可计算出5053例样本的平均年龄为59.2529岁[③]。蒋爱花的研究，比李燕捷的高1.7岁，考虑到样本的局限，数据在可以接受的范围内，即可知的唐人平均死亡年龄将近60岁。

程民生统计宋人的平均死亡年龄是56.07岁[④]。梁洪生梳理宋代墓志，得出北宋男、女平均死亡年龄分别为59.6±2.4岁、60±4.6岁，南宋男、女平均死亡年龄分别为 63.4 ± 1.9 岁、60.8 ± 4.1 岁⑤。后者的研究比前者的年寿要高得多，可能是数据基础差异造成的。另有一个宋代的区域年龄研究：盐城博物馆根据盐城市亭湖区实验学校东宋代墓地出土的 259 具人骨进行性别、年龄鉴定。其中年龄段明确的共 233 例，计算得出男性平均预期寿命为 37.19 岁，女性平均预期寿命为 41 岁，女性平均预期寿命长于男性。盐城的数据与前两者相差大约 20 岁，主要原因可能有二：第一是盐城采纳的是"平均预期寿命"，前两个学者采用的"平均死亡年龄"；第二是盐城的统计对象是普通百姓，而程、梁二位梳理的文献和墓志的主人几乎都是宋代的精英阶层。在任何时代，不同社会阶层的年寿肯定是不同的。

再具体到明代，张雨搜集墓志铭、行状、传记，统计出涵盖明代两京 13 省的 3557 个样本，其中男性 2516 例、女性 1041 例，得出总人口平均死亡年龄为 63.66 岁，成年人口平均死亡年龄为 63.97 岁⑥。明代的平均死亡年龄比前代又有所提升。

进入民国时期，人口学的相关研究开始借鉴近代科研方法。其中，许仕廉早在 20 世纪二三十年代就判断当时中国人口的平均寿命为 33 岁⑦。数值的大幅度下降，主要是因为许仕廉以全体人口作为研究对象，而不是像前代那样以精英群体作为研究对象。另据 1936 年国民政府实业部公布的分年龄死亡率资料编制的生命表表明，当时中国人的平均寿命为 32 岁。由此可以推断，民国时期中国人的平均寿命在 30 ~ 35 岁⑧。

1953 年，新中国进行了第一次全国人口普查，从此相关数据有了科学、准确的依据。

坦率地说，上述研究并没有解答我们的疑问。归根结底是史料的缺失导致研究数据不全面，现有的所有研究成果都只是"被动的抽样统计"，注定难以得出令人信服的结论。这些研究存在以下几大特点，或者说问题：

第一，用平均死亡年龄代替平均预期寿命（平均寿命）来作为某一时期人口的寿命指标。在现代，衡量一个国家人民年寿的通行数据是平均寿命，而不是死亡年龄。可这要建立在对人群数据、死亡人口的详细掌握和梳理分析之上，显然在 1953 年之前无法做到。因此，历史学界用平均死亡年龄代替平均寿命，是无奈之举⑨。

第二，民国之前的研究资料主要是墓志、传状。此类资料的主人公以中老年人为主，且基本来自有一定社会、经济地位的社会上层——普通人家是无力撰写传记和行状、营建墓茔的，因此得出的统计结果存在局限性。下层人群加入数据池，将大幅度拉低平均数据。不论其他，单论下层百姓的高夭折率，就是一个悲伤的事实。梁洪生研究宋代江西士、宦阶层的 2000 多例数据，得出有记载的夭折率分别为北宋 5.3‰、南宋 6.8‰⑩，而下层的夭折率必定远高于此。因为缺乏避孕和卫生保健措施，古代妇女一生中可能生 8 胎甚至 10 胎，但真正能够成人者仅有 3 人至 4 人。古代中国百姓出生率一般在 35‰ ~ 40‰，而死亡率高达 25‰ ~ 30‰，人口自然增长率为 10‰左右。据此估计，每一个成年人背后有 2.5 个人夭折死去⑪。将这些夭折的少年儿童统计进来，历代的年寿都将大打折扣。

第三，在对平均死亡年龄比较时，一般都直接比较算术平均数，并不进行统计推断，从而降低了结果的可信度。上述三点都导致我们对古代人均寿命问题的推断存在较大误差。我们似乎永远无法触摸到真实的数据。

人的寿命和物质条件有极大的正向关系。尤其是物质的极大丰富和医疗卫生技术的高速发展，极大地延长了人类的寿命。这应该是一个历史常识。现代人的寿命高于古代人，一大有利因素便是医疗卫生的发达，分娩、伤风、肺结核、心脑血管疾病等不再能轻易夺走现代人的性命。而在魏晋南北朝，一场热伤风极可能使一个旅人从此杳无音信。同样，在前述张雨的研究中，明代人口平均死亡年龄接近 64 岁，比前代有较大提升。还有一个不可忽视的因素是红薯、土豆等于 16 世纪传入中国，丰富了中国人的粮食种类，且拉低了中国人获取食物的成本。不过，外来粮食的传入主要提升了中国人的人口规模（中国人口规模在清中期正式突破 1 亿人，此后加速增长，100 多年后达到了 4 亿至 5 亿人），对中国人年寿延长的助力并不突出。而人类社会越发展，物质条件就越发达，因此我们可以得出基本结论：中国人的年寿是逐渐增长的——正如林万孝研究得出的基本趋势。

民国时期，中国人的平均寿命已经可知在 30 ~ 35 岁。假设从先秦到民国，中国的物质条件匀速地、缓慢地发展，那么，古代中国人的平均寿命应当在 30 岁上下。至于古代中国人的平均死亡年龄，盐城博物馆的研究表明宋代当地的数值在 40 岁上下，基本是可信的。举两位文豪的作品为例。第一例是中唐杜甫的《赠卫八处士》，其中写道：

> 少壮能几时，鬓发各已苍。
> 访旧半为鬼，惊呼热中肠。

杜甫时年 48 岁，官职为华州司功参军，当属于中下层官僚群体。"访旧半为鬼"，意为已经有一半的亲朋旧友去世了（杜甫认识的朋友应该都是成年人，即不含夭折者），似可以作为唐代中下层官僚平均死亡年龄的证据。那么，唐代所有人口的平均死亡年龄应降低 10 岁左右，即接近 40 岁。

第二个例子是北宋苏轼的《江城子·密州出猎》，开头写道：

> 老夫聊发少年狂，左牵黄，右擎苍。锦帽貂裘，千骑卷平冈。

苏轼时年 39 岁，官职为密州知州。他自称"老夫"，可见在宋代时 39 岁的男子可以倚老卖老，社会舆论也"尊老"。背后隐含的信息，便是该阶段的男子已经达到了社会平均死亡年龄。

　　对于古代中国人均寿命的探究，注定难有令人信服的答案。基于现有研究和合理推断，我们似乎可以得出这样的结论：古代中国人的平均寿命在 30 岁左右，平均死亡年龄在 40 岁上下，这个数值随着年代的增减而上下浮动。年代早，数值略低；年代晚，数值略高。

（唐）阎立本，《竹林五君图》，台北"故宫博物院"藏

唐人担心延迟退休吗

史学中人经常会遭遇一些"古今结合"的提问，比如研究唐史者就面临这么一个问题：唐朝人担心延迟退休吗？

退休在古代称为"致仕"，是官员的专利。《周礼·曲礼上》便有"大夫七十而致仕"的记载，东汉经学家郑玄解释"致仕"是"致其所掌之事于君而告老"，也就是年老的官员将职权归还君王。作为中国古代官僚制度发展的成熟期，唐朝建立了完备的官员致仕制度。《通典》记载："大唐令，诸职事官，七十听致仕。五品以上上表，六品以下申省奏闻。诸文武选人，六品以下，有老病不堪公务、有劳考及勋绩情愿结阶授散官者，依。其五品以上，籍年虽少，形容衰老者，亦听致仕。"《唐会要》也载："年七十以上应致仕，若齿力未衰，亦听厘务。"与当代人担心延迟退休不同，唐代多有官员不愿如期退休，甚至退休后千方百计"再就业"的。神龙二年（706年），宰相唐休璟年届80而致仕，事后通过让儿子娶尚宫贺娄氏的养女为妻，借助贺娄氏得以复起，再次担任宰相，于唐睿宗景云二年（711年）第二次退休，不久病逝，终年86岁。唐朝官员不愿退休背后的原因是致仕与在职相比存在巨大的落差。睿宗朝宰相李日知因年迈，事先未告知妻子便申请了致仕。妻子得知后，斥责道："家产屡空，子弟名宦未立，何为遽辞职也？"官员致仕后，丧失了在职待遇，没有了俸禄，更重要的是权力丧失后不能庇护家庭，不能为子孙谋取前程了。不过，这些都是官僚权贵阶层的烦恼，普通人几乎不可能面对这样的问题。

　　为什么说唐代普通人没有退休的烦恼呢？因为唐代的社会流动相对滞缓且职业壁垒森严，一个普通人并没有多少就业（入仕）的空间。寻常百姓出生之时就能遇见死亡的情形，自然不存在退休与否的问题。

　　确立于唐朝的科举制度为古代中国的社会流动提供了强有力的制度保障，但唐代科举的作用不宜高估。仅就流动效果最明显的进士科而言，平均每届仅录取 25 ~ 30 名进士，且新进士要面临漫长的守选，对数以万计的官僚群体不可能产生实质性的撼动。唐代科举也尚未形成如后世那般举人、秀才式功名等级，并赋予后者政治特权，因此脱离于社会流动。唐代官员入仕的主要途径依然是门荫。更深入的研究表明，科举的获益群体仍旧是在财富、文化、人际关系等方面拥有既得优势的士族子弟，寒族通过科举青云直上者仅占极少数。金滢坤通过对晚唐宰相群体出身的案例研究，认为科名是士族阶层升迁清望官的主要因素，原来的精英阶层保持着"圈内竞争"[12]。（科举真正对社会流动发挥强有力作用，要等到两宋。）作为既得利益者的士族势力尽管从南北朝时期即开始走下坡路，但直到唐朝中期，士族子弟取得官禄的门路依然宽广，能够长期盘踞高官之位。另外，魏晋时期士庶之间不能婚媾，血缘壁垒森严，唐代对此限制虽然有所松弛，出现了一些士庶通婚的案例，但少见，并且为社会所轻视[13]。可以说，唐朝普通人很难在坚硬的社会壁垒中看到破壁的亮光。

　　退一步说，排除士庶隔阂和士族势力的阻碍因素，唐朝人经由科举的从政之路也虚无缥缈。参加科举的前提是高超的文化水平。在雕版印刷术不普及、书籍属于稀缺品的唐代，普通人获得一本手抄书的成本高昂，遑论接受系统的教育。寒族子弟青睐科举中的进士科，一大客观原因是该科主考诗、赋，对传世典籍的研学水平要求较低，因此降低了寒门应试的成本。即便如此，唐代每年参加进士考试者也才约 1000 人，成功率 2.5% ~ 3%[14]。而唐代户籍人口在开元、天宝年间保持在四五千万[15]，普通人考中进士的概率为千万分之几。

　　退休的前提是从业自由，劳动者可以自由选择职业——从政是选项之一。

当一个人的职业道路是封闭而僵化的，自然不存在是否担心退休的问题。遗憾的是，古代中国存在严重的职业壁垒，整个社会不仅等级森严，还维持着"四民分业"的结构。虽然职业壁垒逐渐为历史洪流缓慢消解，但至少到唐中叶仍维持着僵化格局，四民各有其业、各业世袭。工商被视为杂类，不得入仕。

四民分业格局是社会现实的折射。落后的交通情况、机械的坊市制度、弱小的市场经济等都限制了唐朝人的职业。整个唐代都执着于坊市制度。当时的城市由城墙围成一个封闭的空间，城内划分为若干规整划一的封闭小区，居民居住区称为"坊"，四周筑有夯土的坊墙，其中长安城的坊墙高达近9米；坊间向街一面，百姓不能开门辟户，门窗只能开向里面。此种制度塑造的长安城犹如一个巨大的围棋盘，白居易形象描述为"百千家似围棋局，十二街如种菜畦"。坊严格采取封闭式管理，定时开启坊门，晨开夜闭，除特殊原因外居民不得违时出入。市场交易、文娱活动只能在称为"市"的个别小区进行，长安城有二市、洛阳有三市，且市场只能设置在县级以上治所城郭，"诸非州县之所，不得置市"。市同样执行严格的封闭式管理，开放时间受限。州县市场交易时间显然不长，杜甫诗歌有云："山县早休市，江桥春聚船。"官府严格管制市场行为，店铺商家效益再好，实力再雄厚，也不能任意扩大经营、向外发展店铺，"自有正铺者，不得于铺前更造偏铺"。中唐以后，官府多次处理坊市"侵街打墙""接檐造舍"等行为，固执地希望城市限定在一成不变的条条框框之中。整肃的效果自然不理想，因为蓬勃的社会力量、茁壮的市场逻辑不会听命于权力指挥棒。晚唐五代，四民分业格局开始瓦解，不过普通人实现职业选择的相对自由至少要到北宋以后了。

❀ 退休？不存在的

　　至此，我们基本可以判定：一个唐朝人的一生，大概率是子承父业。祖、父的身份和地位基本塑造了他的人生。普通人改变命运，跻身官场，获得退休资格的概率，微乎其微。

　　抛却社会层面的分析，我们看看唐朝人的寿命，也能发现退休不会成为当时人们关注的话题。虽然传世典籍中有官员年过七十恋栈不去的记载，但这些更可能是作为轰动一时的稀缺案例才得以留名史册的。蒋爱花统计 5100 余方唐代墓志中所包含的 5053 例有效样本，得出唐朝人的平均寿命为 59.2529 岁。她更有针对性地统计墓志中的夫妻样本，发现男性平均年龄比妻子低 2 岁左右⑯。也就是说，墓志中唐朝男人的平均寿命应该不到 59 岁。因此，"七十致仕"制度对于大多数唐朝人，包括官僚权贵在内是没有现实意义的。

　　我们上述研究的样本，主要来自存世的出土墓志，这注定了绝大部分研究对象是唐朝的官僚阶层。以精英阶层为样本的研究，得出的结论势必高悬于市井百姓的水准之上。在唐代"事死如事生"的厚葬风俗之下，营建墓葬、书刻墓志是一桩对家庭资产、人际关系等要求很高的事情。即便是当时的中下层官僚，往往也需要"罄竭家财"才能操办丧事。开元十六年（728 年），冀州衡水县令王元礼卒，其子王务光时任随州枣阳县令，"罄禄崇葬，扶羸负土"⑰，刻碑营葬。大历七年（772 年），游击将军张无价逝世，其女法慈因贫无力营葬，向朝廷请求"墓夫赙赠"⑱，才得以完成葬礼。唐朝人死后多有"权葬""暂厝"

的记载，便是无力营葬的例证。将亲人迁葬回家族墓地是唐代家族的大事。作为中下层官僚的杜甫，死后 40 多年，由孙子杜嗣业四处告贷、求情，才从湖南耒阳迁葬回河南偃师。罗列上述案例，是为了说明留下墓志的唐朝人都是精英阶层人士，生前极大概率也享受着更好的物质待遇和医疗保健，享年势必高于唐朝的平均水平。至于普通人的平均寿命，相较于精英群体的 59 岁，不是一岁两岁的下降，而应该是断崖式的下降。对于他们而言，死神是猝不及防的来访者，活到退休不是什么目标，而是一种奢望。我们可以大胆推测，唐朝人普遍在三四十岁便告别了人世。

综上所述，**从社会发展水平和人均寿命等方面分析，"延迟退休"对于唐朝人是一个伪命题。它可能只在不到千万分之一的唐朝人的脑海中逗留过。**这个问题完全超越了唐朝的实际情况。社会存在决定社会意识，社会意识是社会存在的反映。虽然后人学习历史，不可避免地站在当下去逆向推演，但我们要时刻警惕用现在的思想观念和生活体验去衡量历史，去评判事件。俗语有云："后人说闲话，古今无难事。"我们观察古代中国，需要拂去岁月的尘埃，回到历史现场与彼时的人群同感共情，而非自以为是地评判、似是而非地揣测。

有关唐朝人与延迟退休话题的关联及其解答，闪耀着历史观照现实的人文主义光芒。诚然，我们研究历史的一大目的是关注人在不同情境中的命运，思考历史的经验与教训对于当下走向未来的价值。与现实断开联系的史学研究，再精深也只是屠龙之技。我们研究历史的另一大目的是尽可能还原历史，努力重返历史现场。如果说前一个目的是思考，后一个就是求真。人文主义的基础是求真，对历史的思考要建立在真实的历史之上，尽量在彼时的情境中展开论证与探索。脱离了真实历史的人文主义观照是无本之木、无源之水，不追求事实的所谓思考或启迪则是缺乏意义的，是与唯物史观背道而驰的。

诸如"唐朝人是否担心延迟退休"等话题，有助于我们返回历史现场，重新审视某段历史与现实的关联。这也是某种角度的求真。比如，"古代官员会不会也买房难"的话题让我们审视回避制度下官员的居住问题。古代中国城乡一体，官员奔波在为官居所和乡间故居之间，前者是宿舍、临时居所，后者才是真正的家。丁忧守制、候选谋职、家族繁衍等都在乡间故居展开。而官府严禁流官在辖区置办产业，避免形成利益关系，官员更不会冒险在三五年即离任的地方买房。"明清商家不怕收到伪造的合金银两吗"，是另一个类似的话题。理论上，古代商家不具备现场测量合金的能力，可是如果一个人掌握了将白银与锡、铅等金属混合成足以以假乱真的银两的能力，完全可以利用其技术和工艺水平制作精细工具、精美器皿来谋利，大可不必伪造货币。技术水平是塑造历史面相的重要因素，也是今人观察古史时容易忽略、难以把握的一个因素。"古人遇到麻烦为什么不找警察"，则让我们审视古今司法的异同。

第一，在古代司法观念中，诉讼于公是教化不行的反映、于私是斤斤计较或睚眦必报的表现，官民遭遇民事纠纷都不首选司法解决，而寻求宗族、乡绅的裁决。第二，在古代司法实践中，打官司意味着书吏差役的敲诈勒索、漫无终点的司法流程以及讼师诉棍的丑恶嘴脸，如果需要传唤证人还会连累亲朋友邻。这就造成了"八字衙门朝南开，有理没钱别进来"，古人轻易不愿报官进衙门。

对于所有现实关联历史的问题，我们都应该报以严肃认真的态度，将提问背后的二者关联作为重返历史现场的邀请。这种关联并非一定真实存在，但解答的过程有助于我们从一个新的角度探寻真相，有助于我们感受历史观照现实的温暖价值。

注释

① 林万孝：《我国历代人的平均寿命和预期寿命》，《生命与灾祸》1996 年第 5 期。

② 李燕捷：《唐人年寿研究》，台北：文津出版社，1994 年。

③ 蒋爱花：《唐人寿命水平及死亡原因试探——以墓志资料为中心》，《中国史研究》2006 年第 4 期。

④ 程民生：《宋人婚龄及平均死亡年龄、死亡率、家庭子女数及男女比例考》，《宋史研究论文集》，成都：巴蜀书社，2006 年。

⑤ 梁洪生：《宋代江西士、宦之家人口诸问题初探——以墓志为古代人口抽样资料进行统计的尝试》，《人口学刊》1989 年第 3 期。

⑥ 张雨：《关于中国古代人口年寿问题的几点商榷》，《科学·经济·社会》2019 年第 1 期。

⑦ 许仕廉：《人口论纲要》，上海：中华书局，1934 年。

⑧ 刘铮：《刘铮人口论文选》，北京：中国人口出版社，1994 年。

⑨ 张雨：《关于中国古代人口年寿问题的几点商榷》《科学·经济·社会》2019 年第 1 期。

⑩ 梁洪生：《宋代江西士、宦之家人口诸问题初探——以墓志为古代人口抽样资料进行统计的尝试》，《宋史研究论文集》，成都：巴蜀书社，2006 年。

⑪ 袁祖亮：《中国古代人口史专题研究》，郑州：中州古籍出版社，1994 年。

⑫ 金滢坤：《中晚唐五代科举与社会变迁》，北京：人民出版社，2009 年。

⑬ 张天虹：《中晚唐五代的河朔藩镇与社会流动》，北京：社会科学文献出版社，2021 年。

⑭ 傅璇琮：《唐代科举与文学》，西安：陕西人民出版社，2003 年。

⑮ 王洪军：《唐代人口数量及其地理分布》，《东方论坛（青岛大学学报）》1999 年第 3 期。

⑯ 蒋爱花：《唐人寿命水平及死亡原因试探——以墓志资料为中心》，《中国史研究》 2006 年第 4 期。

⑰ 周绍良、赵超主编：《唐代墓志汇编续集》，上海：上海古籍出版社，2001 年。

⑱ 国家文物局古文献研究室、新疆维吾尔自治区博物馆、武汉大学历史系编：《吐 鲁番出土文书》第 10 册，北京：文物出版社，1991 年。

第十三章

御史与花椒

唐代官称趣事

❀ 花椒、脆梨，也是官职

　　职官制度是政治领域中最为灵动的制度之一，与官僚士大夫的冷暖得失息息相关，很大程度上决定着士大夫们的命运；间接参与了对社会结构与日常生活的塑造，在社会生活中发挥了重大作用，因此诸多笔记小说中留下了制度运作的鲜活痕迹。这些有关职官制度的生动文字，是士大夫对切身经历、耳闻目睹的记载，在缺乏原始档案文书的情况下，它们是最原生态的资料。与其他传世文献相比，职官笔记基本上属于"同时史料"，文字与所反映的内容是同一时期产生的，而不像通典、则例等归纳总结性的"后时资料"那样存在滞后性。笔记小说等同时史料在推进职官制度研究上的重要性值得重视。

　　近年来，人文研究领域提倡"重返现场"。研究者无法完全拂去岁月尘埃、100% 还原历史真相，也就无法真正重返历史现场。就文本意义而言，许多后人看来不知所云的制度概念与名词，苦思不得其解的组织演变和运行机制，在传世文献的编撰者的思想观念中是不言自明的常识与公理，无须多言，便在创作时不着一字、不费一词。作为同时史料的职官笔记的存在，多少弥补了这方面的缺陷。士大夫在写作笔记时，无法完全排除当时制度的影响，会有意无意地保留下初始的、直接的制度碎片，帮助研究者拼凑完全制度的相貌和运作的过程。

　　唐朝是中国古代官僚制度走向成熟的转型时期，诸多创举勾勒出之后的制度概貌。随着岁月流逝，唐代官僚制度的样貌也漫漶不清，比如，后人渐渐不了解"唐人好以它名标榜官称",即唐人日常习惯以别名称呼官职。

> 太尉为掌武,司徒为五教,司空为空土,侍中为大貂,散骑常侍为小貂,御史大夫为亚台、为亚相、为司宪,中丞为独坐、为中宪,侍御史为端公、南床、横榻、杂端,又曰脆梨,殿中为副端,又曰开口椒,监察为合口椒,谏议为大坡、大谏,补阙为中谏,又曰补衮,拾遗为小谏,又曰遗公,给事郎为夕郎、夕拜,知制诰为三字,起居郎为左蠕,舍人为右蠕,又并为修注,吏部尚书为大天,礼部为大仪,兵部为大戎,刑部为大秋,工部为大起,吏部郎为小选、为省眼,考功、度支为振行,礼部为小仪、为南省舍人,今曰南宫,刑部为小秋,祠部为冰厅,比部为比盘,又曰昆脚皆头,屯田为田曹,水部为水曹,诸部郎通曰哀乌、依乌,太常卿为乐卿,少卿为少常、奉常,光禄为饱卿,鸿胪为客卿、睡卿,司农为走卿,大理为棘卿,评事为廷平,将作监为大匠,少监为少匠,秘书监为大蓬,少监为少蓬,左右司为都公,太子庶子为宫相,宰相呼为堂老,两省相呼为阁老,尚书丞郎为曹长,御史、拾遗为院长。下至县令曰明府,丞曰赞府、赞公,尉曰少府、少公、少仙。①

这些称呼中蕴含着丰富的职官制度史料,封存着唐代士大夫对当时官职和官制运作的切身感受。其中多数别名与官称的职掌相关,比如掌武、大谏、修注、小选等;有些别名则和官职的演变有关,比如夕郎,表明给事中是从汉代每天日暮向青琐门而拜的黄门侍郎演化而来的。这些都是静态的制度史内容,同时不乏动态的精彩。

我们以唐代御史们的别称为例。御史大夫为亚台、亚相,说明御史大夫职权之重,这与后世的一般印象相符。御史中丞为独坐、中宪,则是因为御史大夫不常设或日渐成为加衔，御史中丞主持御史台政务，故而权重。至于侍御史称为端公、南床、杂端等，对应的是唐后期御史中丞也不常设且也成为加衔，由侍御史知杂者主掌御史台。御史台会食，在南设横榻，称南床，殿中侍御史与监察御史皆不得坐，只有侍御史可坐。御史台长官的下沉，表明唐代行政模式的演变。唐前期的四等官制瓦解，长官、通判官的渐次消亡，以及躬亲事务的专知官的权重，是行政模式演变的突出特点。更有价值的别称是将御史比喻为各种花椒，如殿中侍御史叫作开口椒，监察御史比喻为合口椒。《御史本草》有详细解释：

> 唐户部郎侯味虚著《百官本草》。题御史曰："大热，有毒。主除邪佞，杜奸回，报冤滞，止淫滥，尤攻贪浊，无大小皆搏之。出于雍

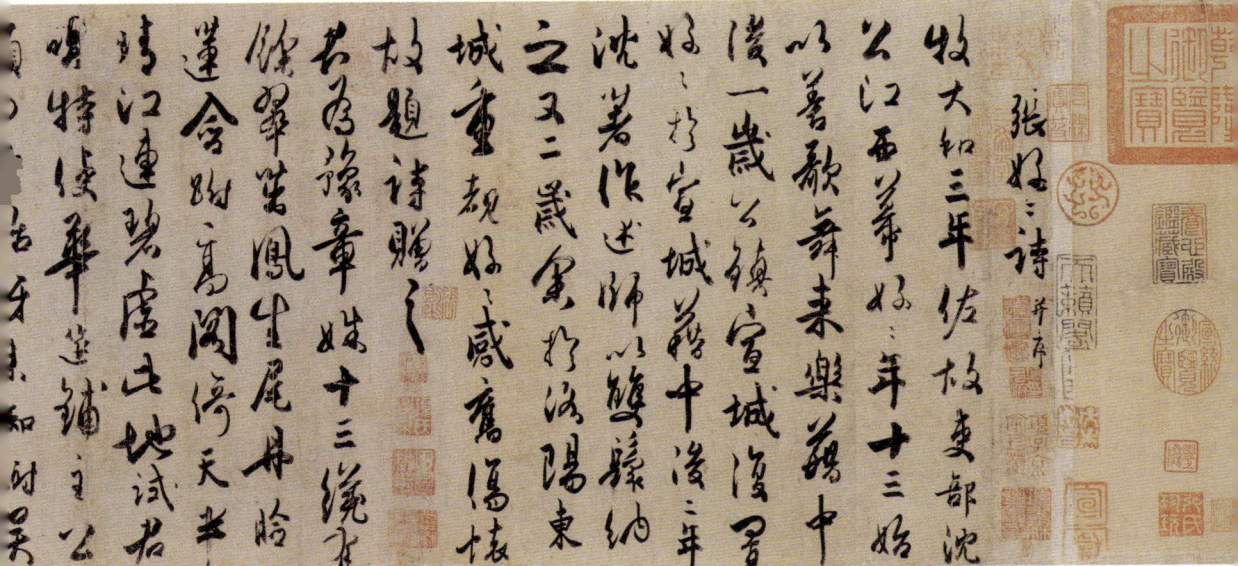

（唐）杜牧，《张好好诗卷》（局部），故宫博物院藏

洛州诸县，其外州出者尤可用，日炙干硬者为良。服之长精神，减姿媚，久服令人冷峭。"

贾言忠撰《监察本草》，里行及试员外者为合口椒，最有毒。监察为开口椒，毒微歇。殿中为萝卜，亦曰生姜，虽辛辣而不为患。侍御史为脆梨，渐入佳味。迁员外郎为甘子，可久服。②

此处的合口椒、开口椒都是花椒的一种。唐《新修本草》记载"蜀椒"："味辛，温、大热，有毒……口闭者杀人。"③之所以用花椒（蜀椒）比喻御史，是因为御史手握监察大权，可以除恶杜奸、惩办贪浊、平反冤滞等，事务无论大小都可以借监察之名参与其中。朝野官民自然忌惮三分，把御史们比作"大热有毒"的花椒了，尤其是外出巡视地方的御史们更令官民忌惮。食用花椒虽然可以长精神，久服却令人冷峭，身体吃不消。有趣的是，御史会随着品级的晋升而毒性递减。监察御史里行、试官和员外置等非正命官，转正和晋升的压力最大，对政绩的渴望最盛，行事咄咄逼人，"毒性"也就最强，是最有毒的合口椒，也就是花椒中"口闭者杀人"。合口椒毒性之强，以至于讲究以毒攻毒的中医用其来解蛇毒，早在晋代葛洪撰写的《肘后备急方》中，蛇毒"以合口椒并叶，捣，敷之，无不止"④。唐人遇到年轻资浅的监察御史、转正心切的编外御史们，想必如咀嚼花椒一般难受。

随着地位提升，压力递减，御史们的锐气也逐渐消磨、行事趋向圆滑，毒性渐次消解，经由辛辣但不为患的生姜过渡，最终从合口椒变为脆梨。官员转出监察系统、升迁为清要的郎官后，更是一跃而为柑橘（甘子）。唐后期，中书门下成为实际指挥行政的中心，尚书省退居闲曹，郎官们成为悠闲而前途光明的清官，行事自然与人为善，给人如沐春风之感。唐代士大夫对御史台官职别名的描述，与唐代政治制度现有研究的结论相符。

用花椒冠名御史，作者尚存敬畏之心。而九卿别称则明显带有戏谑成分：

太常卿为乐卿，光禄为饱卿，鸿胪为睡卿，司农为走卿，大理为棘卿。其他各卿各有别称。北宋王得臣的《麈史》卷下《谐谑》记载："七寺闲剧不同，太府为忙卿，司农为走卿，光禄为饱卿，鸿胪为睡卿。盖忙卿所隶场务，走卿仓庾，饱卿祠祭数颁胙醴，睡卿掌四夷宾贡之事。"《东坡诗集注》记载："京师谓光禄为饱卿，卫尉为暖卿，鸿胪为睡卿，司农为走卿，宗正为冷卿。暖卿谓其管仪銮供帐之类，冷卿谓其管玉牒所。"

　　三公九卿是秦汉时期的中枢体制，至隋唐为三省六部制—中书门下体制所代替。九寺沦为政务辅助机构，九卿虽然品级高贵，却边缘化为闲曹冷职。戏谑的别称恰恰是这种边缘化的结果。一方面，士大夫断不敢对大权在握的官职冠上调侃戏谑的绰号，比如节度使的别称为"斧钺"，并非戏称；另一方面，士大夫提炼九卿尚存的职权加以突出强调，营造出通俗幽默且令人印象深刻的别名。比如，贵为正三品高官的太常卿，礼制权限为礼部所侵夺，给人印象深刻的就是在朝会大典上张罗奏乐，因此得名"乐卿"；太府卿负责朝廷物资库存，场务繁忙，得名"忙卿"；司农卿负责粮食仓储，粮仓巡查工作繁重，故名"走卿"。在士大夫眼中，劳心为上劳力为下，官员奔忙于具体事务并非高尚，而是低贱的行为，所履行的职责自然也是边缘的、次要的。乐卿、忙卿、走卿等，都不是好词。原本掌宫门宿卫屯兵的卫尉卿，因操持皇家仪銮供帐之类，得名"暖卿"；掌皇族外戚属籍的宗正卿，所管玉牒所事务冷清，而玉器质地冰寒，获得"冷卿"的绰号，一语双关。同理，饱卿（光禄卿）因操办朝廷饮食，睡卿（鸿胪卿）因招待四夷宾贡饮食住行而得名。

　　官员也坦然接受官称别名，用于自称或称呼同僚、亲友。光禄寺丞严铤在《会宴光禄寺东诸同僚》中写道："万方玉食贡奇珍，司膳三年尚茹贫。醉吐笑看惟麦饭，饱卿于此见清纯。"⑤光禄寺经手朝廷的美味佳肴，司膳官员却常年清贫，只以麦饭度日。清贫的背后是光禄寺官员待遇惨淡，且升迁艰难。官称别名源于生活、基于事实，反映了唐代官僚组织的权力格局，折射出官职的轻

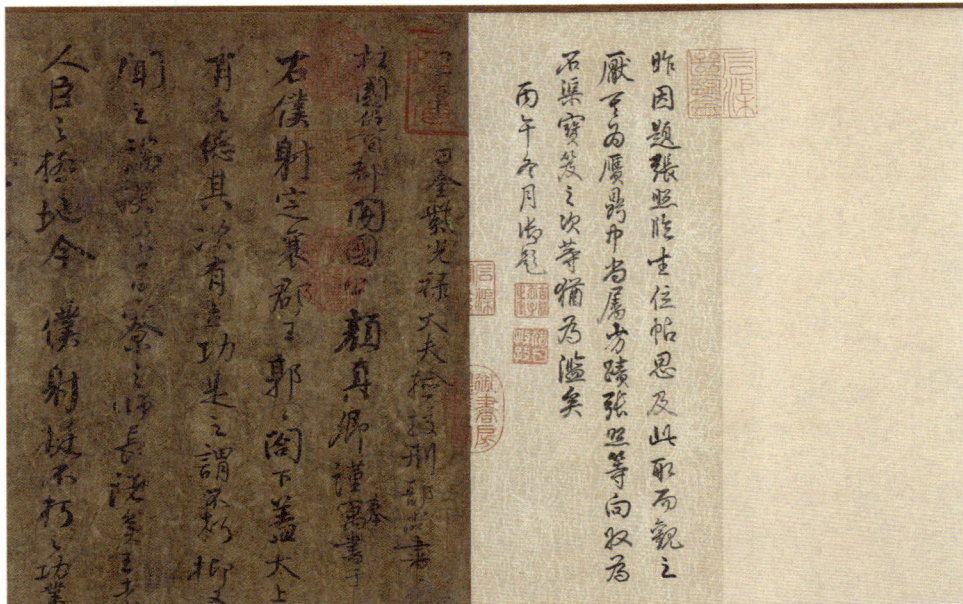

（唐）颜真卿，《争座位帖》（局部），台北"故宫博物院"藏

重、为官的冷暖。这是官职与士大夫切身利益最密切相关之处。就笔者所知，带有戏谑性质的别名只见于官员自称，他称则使用尊称性质的别名（独坐、端公等）或客观描述性质的别名（夕郎、小选等）。初唐时，蜀州某县县尉杜某，名、字、生卒年皆不详，因为是王勃赠别诗《送杜少府之任蜀州》的主角，有幸作为"杜少府"而名扬千古。

从官称变化看理想仕途

除了反映真实的权力状态之外，官称别名中也隐含着官员选任的动态信息。官员选任是士大夫群体关注的焦点，也是官制研究的难点。史籍中有关人事制度的简单勾勒，完全不足以描述复杂的选任现实。史料阙如，加上官员的进退迁转与制度规定存在事实差异，尤其是各种非常态因素影响着官员的选任，都增加了对选任研究的难度。唐代官员选拔的标准有哪些，孰轻孰重？符合任职标准的候选者理论上不会只有一个，如何在多位候选人当中挑选出任职者？解决员缺矛盾，以公平明确、具备操作性的标准将候选官员妥善安置，是选官制度的核心要义。以吏部为主体的选任机构，发展出了一整套实操做法。

> 昌仪为洛阳令，恃易之权势，属官无不允者。鼓声动，有一人姓薛，赍金五十两遮而奉之。仪领金，受其状。至朝堂，付天官侍郎张锡。数日失状，问仪。仪曰："我亦不记得，但姓薛者即与。"锡检案内姓薛姓者六十余人，并令与官，其蠹政也若此。⑥

张锡将特定范围内的 60 余名候选者全部授予官职，而没有引发骚乱。即便是重金买官者也接受了这个结果。这说明当时官员群体对不同候选条件对应的官职，是有相对清晰的预期的。士大夫群体之所以对选官有清晰预期，根源还在于以张锡为代表的选官机构在实践中诞生了一整套包含制度、惯例、观念等在内的实操文化。同样来自职官笔记的"八俊之说",便是唐代舆论对理想官场履历的认知,是选官实操文化的一部分,并为后来研究者所重视和引用。该说见于封演的《封氏闻见记》卷三《制科》,其文如下:

> 宦途之士,自进士而历清贵,有八俊者:一曰进士出身、制策不入;二曰校书、正字不入;三曰畿尉不入;四曰监察御史、殿中丞不入;五曰拾遗、补阙不入;六曰员外郎、郎中不入;七曰中书舍人、给事中不入;八曰中书侍郎、中书令不入。言此八者尤为俊捷,直登宰相,不要历余官也。

在这条理想仕途上,有志高官显贵的人就"不要历余官"。在选任实践中,理想的下一任职位便成为士大夫们的关注点和追逐的目标。不能获得理想的升转自然令人懊恼,偏离理想的仕途轨迹更是值得同情。诗人张籍任职冷曹太常寺的太祝一职,10 年不得改调,穷病交加,还瞎了一只眼,人称"穷瞎张太祝"。好友白居易作《重到城七绝句·张十八》,表达同情慰问:"谏垣几见迁遗补,宪府频闻转殿监。独有咏诗张太祝,十年不改旧官衔。"谏垣和宪府手握监察大权,亲近帝王,任职者升转频繁,张十八(张籍)的窘困显示出在唐代官员选任实践中,太常寺边缘化严重,太祝的升转前景极端不利。

会昌元年(841 年),人到中年的膳部员外郎杜牧谋求迁转。他揣摩自己的条件,希望能在尚书省诸司中从后行部门调整到前行部门去。《尚书故实》记载杜牧曾向宰执大臣求任礼部郎官,不遂后又谋求刑部郎官一职,又不遂。杜牧做了一个梦,梦中人告诉他:"辞春不及秋,昆脚与皆头。"《周礼》分设"天地春夏秋冬"六官系统,后世六部雅好比附周礼六官,称礼部为春官、刑部为秋官,梦境中的"辞春不及秋"便对应杜牧谋求礼部、刑部官缺不成一事;后半句"昆脚与皆头"指的是刑部负责稽核簿籍的比部员外郎。不久,杜牧果然获任比部员外郎。该则笔记载明了尚书省诸司中，先后好坏排序为礼部司、刑部司、比部司、膳部司。官员自后向前流动，虽然品级相同，但也是某种升迁，需要私下谋求。不过，《尚书故实》原注："杜公自述不曾历小比，此必传之误。"⑦此处的"小比"应该是那时的某种选任流程或者做法，但具体涵义如何，尚待考释。

总而言之，职官笔记既是制度史研究的新材料，又为观察制度实践提供了一个崭新的视角——通俗的、人性化的视角。与严肃的、程式化的传统史籍不同，笔记散文直接关联士大夫的官场经历和观感，是官僚政治亲历者心路历程的真实流露。21世纪以来，制度史研究超越组织架构、权责设置、机构沿革等静态内容，转向挖掘鲜活的、动态的、多层面的内涵，描绘出了缤纷多彩的面相。职官笔记提供的新视角，契合了制度史研究的潮流趋势。士大夫兼具官僚制度实践的主体和客体双重身份，任何制度终究要士大夫去贯彻执行，同时也落实到士大夫群体身上。士大夫是官僚制度中最重要、最灵动、最能发挥主观能动性的要素。他们书写的职官笔记的史料价值，毋庸多言。笔记散文中有关人性、人和制度互动的生动文字，对于捕捉制度的深度内涵尤其具有针对性的价值。

职官笔记展露了作者观察彼时政治制度及其运作的角度、方法，具备方法论的价值。由于无法重返历史现场，后人与当事人评判历史制度的方式、方法是不同的。譬如前述唐人并不以操持具体政务为荣，事务性工作并不必然关联实际权力，而今人将官员工作忙闲作为考量实权大小、地位高低的重要标准。这便导致了古今制度史研究观念和方法的差异。对于制度史研究，职官笔记可以拾遗补阙、参照比较，更重要的是启示研究者要设身处地、眼光向下，在宏大的历史叙述之余，抓住人性、观念、实操等关键词，置身人与制度互动的情境之中，尽量重返历史现场以还原制度实践的全貌。在传统路径、文书与政务运行的方法、制度史论，以及日常统治史等方法论之外，职官笔记或许是打开制度史研究的另一扇大门的钥匙。

　　诸如"御史与花椒"等职官笔记，动静相宜、明暗关联，保留了政治制度中最细腻敏感、通俗坦然的内容，是研究者不可忽略的新史料、新视角、新方法。

注释

① （南宋）洪迈著，夏祖尧、周洪武点校：《容斋随笔》，长沙：岳麓书社，2006 年。

② （明）冯梦龙评纂，孙大鹏点校：《太平广记钞》第 2 册，武汉：崇文书局，2019 年。

③ （唐）苏敬等撰，尚志钧辑校：《新修本草》，合肥：安徽科学技术出版社，2005 年。

④ （晋）葛洪撰，汪剑、邹运国、罗思航整理：《肘后备急方》，北京：中国中医药出版社，2016 年。

⑤ 中山大学中国古文献研究所编：《全粤诗》第 2 册，广州：岭南美术出版社，2009 年。

⑥ （明）冯梦龙评纂，孙大鹏点校：《太平广记钞》第 2 册，武汉：崇文书局，2019 年。

⑦ （清）杜文澜辑，吴顺东等点校：《古谣谚》，长沙：岳麓书社，1992 年。

感谢阅读本书。

唐代人物鼎盛，无论是政治名人，还是骚客墨人，数量之多、影响之深远甚于前朝。究其原因，不能用简单的盛世舞台提供了更多的机会来解释，而是由社会的深刻变革造成的。唐代处于贵族社会向平民社会的转折期。不像魏晋南北朝时期士族门阀掌握了各种资源，阶层固化严重，唐代的社会阶层开始松动、流动性加大，各个阶层的变动，尤其是底层群体向上的跃升越来越激烈。更多的人才得以施展才华，登上历史的舞台，这才是大唐人物鼎盛的主因。正因如此，我们才能看到李白、杜甫、刘禹锡、白居易、柳宗元等人在大唐的星空下大放异彩。以他们的出身，在隋唐之前未必有如此的机会。同时，我们也看到博陵崔氏等顶级门阀的衰落，乃至身为李唐宗室的一些人物也在岁月流逝中逐渐化身职业官僚，像普通士大夫一样在考场、官场孜孜以求、拼搏奋斗。

没有人生而伟大或天生善恶，一切都是个人后天选择的结果。不同的选择导向不同的路径，一个个选择塑造最终的命运。每个时代的人，都是如此。如果说世间存在所谓的"宿命"，那也是指附加在个体选择之上的条件或限制。唐代了不起的地方在于，它赋予越来越多的人选择的权利，并且扩展了选择的范围。整个时代洋溢着宽松自由的氛围和自信、自强的气度，这是大唐王朝的底气，也是唐朝人追逐人生的充分条件。时代和个体相互成就，大环境和个人努力同等重要。

　　本书由我在中央民族大学攻读博士学位期间写成的一系列人物文章组合而成，主要是一些读史札记和课程作业。读博士的前两年，导师李鸿宾教授要求我每月至少上交一篇读史札记。本书中创作时间最早的一文，便是我在 2022 年年中阅读《旧唐书》列传的札记。此外，有关李千里、吴湘案等文章，也都是由我的读史心得或发现扩展而成的。本书的第二部分组成文章是我读博士期间第一、第二学年的课程作业，比如邵说和崔氏父子等几篇。本书创作最晚的一篇文章是《御史与花椒》，是 2024 年 2 月的读史感悟。书中的大多数文章在"澎湃新闻"、《文史天地》《文史杂志》《中华读书报》等处发表过。严格而言，本书不是一本典型的论文集，更像是人物文章的杂糅。

　　本书遵循基本的学术规范，是在诸多前人研究基础上的介绍与阐发。任何一本历史图书都是在前人研究的基础上阐发而成的。同样，每位作者自我满意的作品永远是下一部。本书自然存在不严谨乃至错谬之处，我将承担所有责任，也请读者海涵。

　　本书的出版要感谢人民邮电出版社智元微库文化公司的认可和公司诸位同仁的辛苦与付出，感谢何川编辑的引荐，感谢王微编辑的专业工作；感谢中央民族大学历史文化学院宽松、自由的学习环境；更要感谢各位读者的宽容与支持。

　　谢谢大家！

张程

2024 年 2 月于房山